W0046381

MEHR SCHOKOLADE!

Für David.

»Nichts ist besser als ein guter Freund – außer ein Freund mit Schokolade.«

Charles Dickens

TRISH DESEINE

MEHR

SCHOKOLADE!

FOTOGRAFIEN
VON MARIE-PIERRE MOREL

AT Verlag

NOCH MEHR SCHOKOLADE?

Vor beinahe zehn Jahren habe ich ein Buch geschrieben, das wie ein Schrei aus tiefstem Herzen war, der in aller Lautstärke kundtat, was wir für Schokolade empfinden: Sehnsucht, Nostalgie, Zügellosigkeit, Trost und raffinierter Genuss.

In den vergangenen zehn Jahren hat meine Leidenschaft für Schokolade nicht nachgelassen – aber sie hat sich vielleicht ein wenig verändert. Heute sieht man bestimmte Zutaten und Methoden, die damals noch so unschuldig erschienen, mit anderen Augen. Die Rezepte haben sich verändert, weg von allzu Verrücktem und Gewagtem, hin zu einer neuen Einfachheit und Klassik.

Zudem habe ich aktuelle Trends aufgenommen, wie die raffinierte Kombination mit salzigen und pikanten Zutaten, der ein eigenes Kapitel gewidmet ist – denn Schokolade beschränkt sich heute nicht mehr nur auf das Gebiet der süßen Genüsse. Wir interessieren uns für die Ursprünge, das Unverfälschte, die Komplexität des Geschmacks in all seinen Facetten, kurz: Wir haben die echten, die wahren Aromen der Kakaobohne entdeckt. Es wäre daher viel zu einfach, Schokolade allein auf Süßes zu reduzieren.

Doch zwischen Exklusivität und Innovation liegt immer noch das Essenzielle dieses Buches: Grundrezepte, beliebte Klassiker, Schokolade zum Knabbern und für Kids sowie die »Schoko-Therapie«, die Trost in allen Lebenslagen verspricht – das alles finden Sie auf den folgenden Seiten. Neu fotografiert und oft garniert mit Vorschlägen, wie man das eine oder andere Rezept noch appetitlicher, noch raffinierter, noch besser machen kann.

Denn wir brauchen sie, die Schokolade – immer noch und mehr denn je!

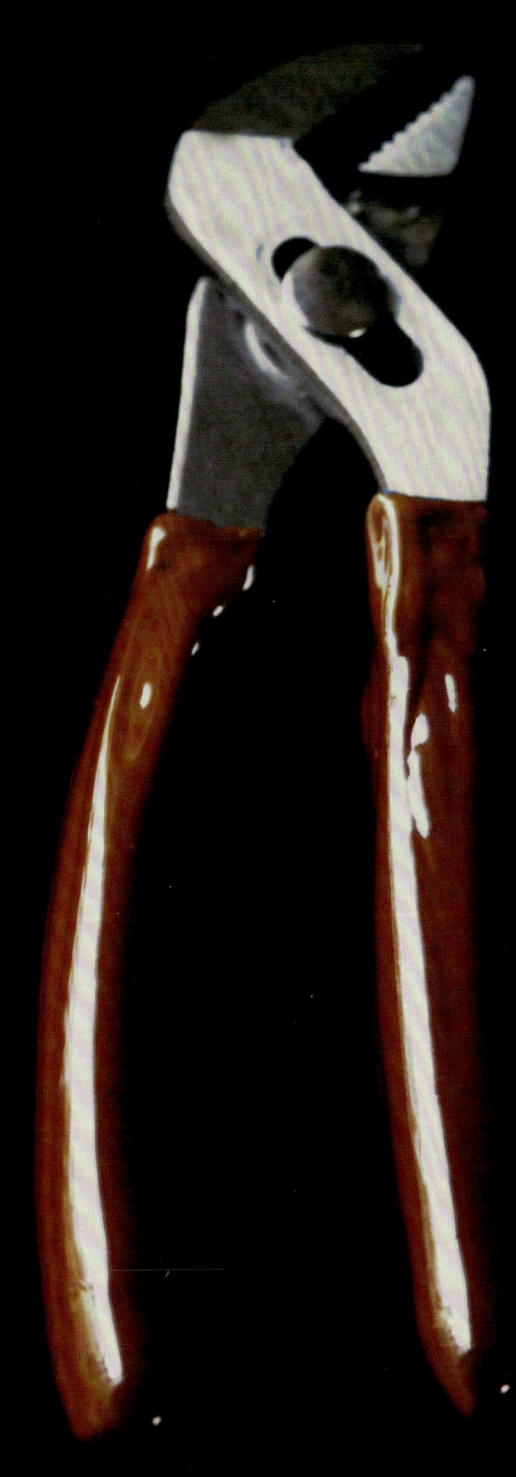

GRUNDWISSEN UND BASISREZEPTE

DIE FRAGE DER QUALITÄT

1 Machen Sie bei der Qualität der Schokolade keine Kompromisse. Auch wenn Sie im Supermarkt einkaufen, wählen Sie nicht die billigste Schokolade, sondern die beste. Halten Sie nach Schokolade aus reiner Kakaobutter Ausschau. Zartbitterschokolade sollte mehr als 60 Prozent Kakao enthalten, Vollmilchschokolade mehr als 30 Prozent. Schokolade mit einem Kakaoanteil von mehr als 72 Prozent können Sie jedoch – falls nicht im Rezept ausdrücklich verlangt – getrost den Experimentierfreudigen überlassen. Und seien Sie sich bewusst, dass eine einfache Schokolade aus dem Supermarkt niemals so gut schmelzen wird, niemals dieselbe Komplexität und dieselben hochwertigen Aromen besitzen wird wie Schokolade, die Sie bei einem Chocolatier, in einer guten Confiserie, im Feinkosthandel oder bei einem Speziallieferanten kaufen.

2 Erliegen Sie nicht dem Snobismus, der momentan in Sachen Kakaoanteil herrscht: Nur weil eine Schokolade einen Kakaoanteil von 80 Prozent hat, ist sie in Ihrem Kuchen noch lange nicht besser als eine Schokolade mit 64 Prozent Kakaoanteil. Im Gegenteil. Letztere verbindet sich besser mit den anderen Zutaten. Folgen Sie im Übrigen aber immer Ihren persönlichen Vorlieben.

3 Vollmilchschokolade oder weiße Schokolade sind keineswegs von vornherein als minderwertig zu betrachten, denn es gibt beide in hervorragender Qualität. Wenn Sie davon vorzügliche Produkte wählen, sind ebenso raffinierte Mischungen und Verbindungen möglich wie bei dunkler Schokolade.

DIE VERSCHIEDENEN FORMEN VON SCHOKOLADE

Schokolade wird aus Kakaomasse (einer Mischung aus Trockenextrakten der Kakaobohne und Kakaobutter), Kakaobutter, Zucker und – für Milchschokolade – Milchpulver hergestellt. Weiße Schokolade enthält keine Kakaobohnenextrakte, sondern nur Kakaobutter, Zucker und Milchpulver. Als natürlicher Emulgator wird Soja- oder Rapslecithin hinzugefügt. Qualitätsbewusste Hersteller verzichten nach Möglichkeit auf gentechnisch veränderte Zutaten. Schokolade, die kein anderes pflanzliches Fett als Kakaobutter enthält, zeichnet sich durch ein feineres Aroma und eine bessere Textur aus.

1

2

3

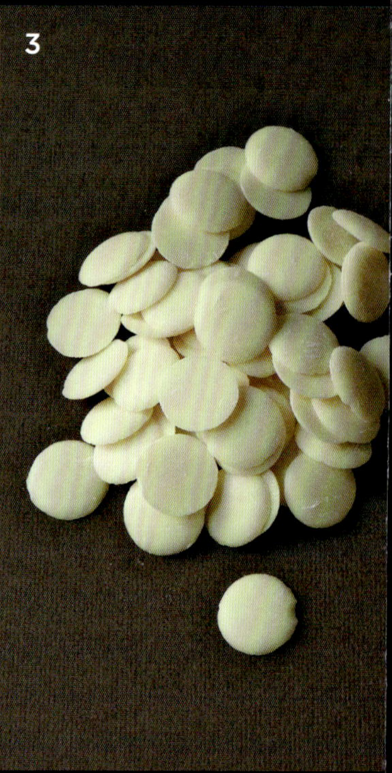

4

KUVERTÜRE IN PASTILLEN- UND BLOCKFORM *(Fotos 1 bis 4)*

Profis verwenden Kuvertüre. Diese ist reich an Kakaobutter, was sie geschmeidig, leicht zu verarbeiten und zu temperieren macht. Ihre hohe Qualität ist auf die sorgfältige Auswahl der Kakaobohnen zurückzuführen. Kaufen Sie Kuvertüre im spezialisierten Süßwarenhandel.

5

6

SCHOKOLADENSTREUSEL *(Fotos 5 und 6)*
Schokoladenstreusel, die man im gut sortierten Supermarkt oder im Fachhandel findet, werden aus Schokolade mit geringerem Kakaoanteil hergestellt; dies ist auch der Grund, weshalb sie fester sind und ihre Form behalten. Sie sind vielseitig einsetzbar. Wählen Sie ein hochwertiges Produkt.

SCHOKOLADENTROPFEN *(Foto 7)*
Sie werden aus Schokolade mit einem geringeren Kakaobutteranteil hergestellt, sodass sie zwar schmelzen, aber beim Abkühlen wieder ihre frühere Form annehmen. Man verwendet sie in Cookies und Kuchen.

KAKAOBOHNENSPLITTER *(Foto 8)*
Dies sind die gemahlenen Schalen der Kakaobohnen; sie besitzen ein intensives Kakaoaroma und eine knackige Konsistenz. Man verwendet sie als Dekoration für Krokant, Karamell und Tuiles.

KAKAOPULVER *(Foto 9)*
Wählen Sie eine hochwertige Sorte ohne Zuckerzusatz. Vor der Verwendung am besten immer sieben.

7

8

9

NÜTZLICHE TIPPS

Ich versuche mich immer auf die absolut notwendigen und nützlichen Tipps und Erklärungen zu beschränken. Die folgenden Ratschläge sollten Sie beherzigen.

WEICHE BUTTER

Die Butter sollte weich, aber nicht geschmolzen, sondern immer noch in Form sein. Das ist wichtig, wenn man Butter mit Zucker und/oder Eiern schaumig schlägt. Lassen Sie die Butter Raumtemperatur annehmen, erwärmen Sie sie aber weder in der Mikrowelle noch auf einer heißen Fläche.

MEHL

Ich verwende normalerweise Backmehl der Type 405 (oder auch Type 550). Das Mehl sollte immer gesiebt werden (falls im Rezept verwendet, zusammen mit Backpulver oder Kakaopulver).

SCHMELZEN IN MIKROWELLE ODER WASSERBAD

Es gibt Kuvertüresorten, die sich sehr leicht in der Mikrowelle schmelzen lassen. Grundregel: Am besten auf der Auftaustufe schmelzen – höhere Wattzahlen führen schnell zum Verbrennen. Dabei immer wieder unterbrechen und die Masse gut durchrühren, vor allem, wenn man die Schokolade zusammen mit Butter und/oder Rahm zum Schmelzen bringt.
Bei der Verwendung anderer Schokoladensorten als hochwertiger Kuvertüre testet man die Schokolade zuerst in der Mikrowelle oder bringt sie im Wasserbad zum Schmelzen. Das Wasser darf jedoch nicht kochen, sonst kann die Schokolade verbrennen oder fleckig werden. Es darf auch weder Wasser noch Fett zu der Schokolade gelangen, es sei denn, dies wird im Rezept ausdrücklich verlangt.

BACKZEIT UND BACKTEMPERATUR

Wichtiger als die absoluten Zahlen ist, das Backwerk immer im Auge zu behalten. Bei der Verwendung von Umluft reduzieren Sie die angegebene Backtemperatur um 10 Grad.

EIER
In den Rezepten wird von mittelgroßen Eiern ausgegangen. Eiweiß vor dem Steifschlagen Raumtemperatur annehmen lassen.

RAHM
Verwenden Sie frischen Schlagrahm; haltbar gemachter (UHT) hat nicht denselben Geschmack.

GRÖSSE DER FORM
Wählen Sie die Größe der Form immer wie angegeben. Andere Größen können das Resultat verändern.

FETTEN UND MEHLEN DER FORM
Fetten und mehlen Sie die Form, wenn es das Rezept verlangt – andernfalls auf eigenes Risiko!

1   **2**   **3**

PRALINENGABEL ODER -SPIESS

(Fotos 1 und 4)

Das benutzen Profis, um Konfekt, Trüffeln, Marzipan, Bonbons oder Trockenobst mit Schokolade zu überziehen. Die Spezialgabel ist, anders als eine normale Speisegabel, besonders leicht und nicht gebogen.

AUSSTECHER *(Foto 2)*

In Küchen- und Haushaltswarengeschäften findet man spezielle Formen zum Ausstechen von Teig. Runde Ausstechformen eignen sich auch zum Einschichten von Zutaten.

GLASUR- ODER PALETTENMESSER

(Foto 3)

Perfekt zum Glasieren von Kuchen und zum dünnen Ausstreichen von Schokolade auf einer Marmorfläche.

KERAMIKBRETT *(Foto 5)*

Ideal als Unterlage für die Schokoladenfolie.

FLACHHOBEL *(Foto 6)*

Zum Herstellen von Schokoladenspänen, siehe »Deko-Ideen« auf Seite 38.

4   **5**   **6**

SILIKONFORMEN UND -MATTEN

(Foto 7)

Ein Material nicht nur für Profis. Ohne Fetten löst sich der Inhalt problemlos aus der Form, und Silikonmatten sind ideal für die professionelle Zubereitung von Meringues, Keksen und Karamell. Temperaturbeständig von Tiefkühltemperaturen bis 300 Grad.

SCHOKOLADENFOLIE *(Foto 8)*

Eines der nützlichsten Profi-Hilfsmittel, das ich jemals entdeckt habe. Es handelt sich um eine spezielle Folie, die man auf eine kalte Oberfläche legt und von der sich die darauf applizierte Schokolade nach dem Erkalten wie von selbst löst. Die Schokoladenseite, die mit der Folie in Kontakt kam, erhält außerdem einen schönen Glanz (selbst ohne Temperieren der Schokolade; siehe Seite 16). Verwendet für verschiedenste Schokoladendekorationen wie auch für breite Streifen zur Ummantelung von Kuchen. Viele in diesem Buch gezeigte Verzierungen wurden mit dieser Folie hergestellt. Schokoladenfolie ist erhältlich im Fachhandel oder bei Spezialversendern.

7

8

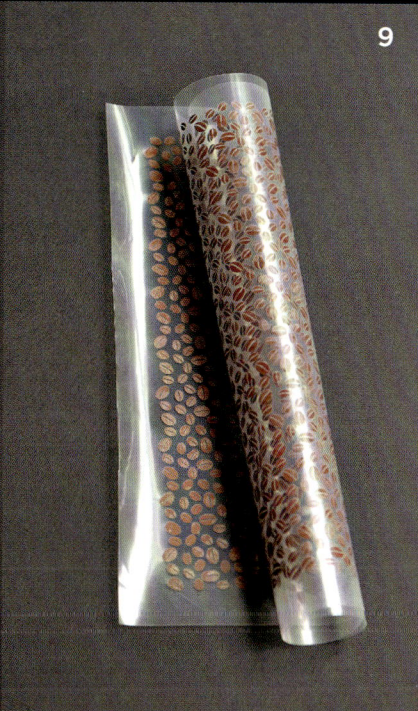
9

10

SPRITZBEUTEL

(Foto 10)

Bei Einwegbeuteln entfällt das mühsame Säubern und Trocknen. Oft braucht man nicht einmal eine Tülle. Für Rezepte wie das Mille-feuille mit weißer Schokolade auf Seite 78 oder die Trüffel-Pflaumen auf Seite 128 reicht allerdings auch ein Gefrierbeutel mit abgeschnittener Spitze.

SCHOKOLADENFOLIE MIT ZIERMOTIVEN

(Foto 9)

Diese Dekorfolie besteht aus demselben Material wie Schokoladenfolie; die Motive sind aus gefärbter Kakaobutter hergestellt. Erhältlich in Küchenfachgeschäften und bei Spezialversendern.

1   2

TEMPERIEREN

Die Technik des Temperierens dient dazu, beim Schmelzen der Schokolade deren Glanz zu erhalten und zu verhindern, dass sich weiße Kakaobutterspuren bilden. Auf den Geschmack der Schokolade hat es jedoch keinen Einfluss. Tafelschokolade hat einen natürlichen Glanz. Um ihr eine andere Form zu geben, ohne auf den Glanz zu verzichten, muss man sie erhitzen, erkalten lassen und erneut erhitzen. Die schnellste und einfachste Methode ist die »Zwei Drittel - ein Drittel«-Methode. Am besten verwenden Sie dafür Schokoladenpastillen.

Legen Sie ein Küchenthermometer bereit. Erhitzen Sie zunächst zwei Drittel der Gesamtmenge Schokolade in der Mikrowelle oder im Wasserbad – ohne Zugabe von Wasser oder Milch – auf eine Temperatur von knapp 45 Grad.

Gut durchrühren und das restliche Drittel Schokolade dazugeben; dadurch fällt die Temperatur brüsk ab. Unter Rühren die zuletzt hinzugegebene Schokolade zum vollständigen

3   4

Schmelzen bringen. Die Schokoladenmasse erneut auf etwa 30 Grad erhitzen und nach Bedarf weiterverarbeiten (zu Tuiles, Hohlkörperformen, Verzierungen usw.).

Bei Kuvertüre ist die jeweilige Verarbeitungstemperatur auf der Verpackung angegeben.

Dieses Vorgehen mag Ihnen etwas kompliziert erscheinen, aber so wird es von den professionellen Konditoren gehandhabt. Und mit hochwertigen Zutaten und den richtigen Werkzeugen ist das Ganze auch keine Hexerei.

Wenn Sie für einen ganz speziellen Anlass oder ein besonders elegantes Essen ein außergewöhnliches Dessert benötigen, bleibt Ihnen immer noch die Möglichkeit, bei Ihrem Konditor ein süßes Kunstwerk oder eine Torte zu bestellen, die der normalen Hobbyköchin nicht so einfach gelingen würde.

LOCKERER KUCHEN

FÜR 8 PERSONEN
ZUBEREITUNGSZEIT: 5 MINUTEN
BACKZEIT: 25 MINUTEN

225 g sehr weiche Butter
225 g Zucker
4 Eier
225 g Mehl
4 EL Kakaopulver, vermischt
mit 4 EL heißem Wasser
2 TL Backpulver

Den Ofen auf 180 Grad vorheizen.
Alle Zutaten mit dem Handmixer zu einem glatten Teig
verrühren, diesen in 2 gefettete und bemehlte runde
Backformen (20 cm Durchmesser) füllen und 25 Minuten
backen. Der Kuchen muss bei Druck mit dem Finger
weich nachgeben. Aus dem Ofen nehmen, einige Minuten
auskühlen lassen und auf ein Kuchengitter stürzen.

SEHR LOCKERER KUCHEN

FÜR 8 PERSONEN
ZUBEREITUNGSZEIT: 15 MINUTEN
BACKZEIT: 40-45 MINUTEN

4 Eier
100 g Zucker
75 g Mehl
1 gestrichener TL Backpulver
25 g Kakaopulver

Den Ofen auf 180 Grad vorheizen.
Die Eier und den Zucker verrühren und 2–3 Minuten dickcremig
aufschlagen, sodass der Rührer beim Herausnehmen eine
Spur hinterlässt. Dann behutsam das zusammen mit Backpulver
und Kakao gesiebte Mehl darunterheben.
Den Teig in eine gefettete, bemehlte runde Form (22 cm Durchmesser) füllen. 40–45 Minuten backen, bis der Teig in der Mitte
fest ist und an einem in der Mitte hineingestochenen Metall-
spieß kein Teig mehr kleben bleibt.
Den Kuchen aus dem Ofen nehmen, auf ein Kuchengitter stürzen
und abkühlen lassen.

SAFTIGER KUCHEN OHNE MIXER

FÜR 8-10 PERSONEN
ZUBEREITUNGSZEIT: 15 MINUTEN
BACKZEIT: 45 MINUTEN
AM VORABEND BACKEN

430 g Butter
300 ml Rahm
430 g Zartbitterschokolade
180 g Zucker
8 Eier
etwas Kakaopulver und/oder
Puderzucker

Den Ofen auf 180 Grad vorheizen.
Die Butter zusammen mit Rahm und Schokolade in der Mikrowelle oder im Wasserbad schmelzen. Den Zucker dazugeben
und rühren, bis er sich aufgelöst hat.
In einer großen Schüssel die Eier mit einem Schneebesen oder
einer Gabel leicht verklopfen. Die Eimischung zur Butter-Schoko-
laden-Masse geben und alles zu einer homogenen Masse
verrühren.
Den Teig in eine gefettete runde Form (24 cm Durchmesser) füllen.
Etwa 45 Minuten backen. In der Form auskühlen lassen. Den Kuchen
nach dem Erkalten aus der Form nehmen und in Frischhaltefolie
verpackt über Nacht kühl stellen.
Den Kuchen nach Belieben glasieren (siehe Seite 20) oder mit
Kakaopulver und/oder Puderzucker bestäuben.

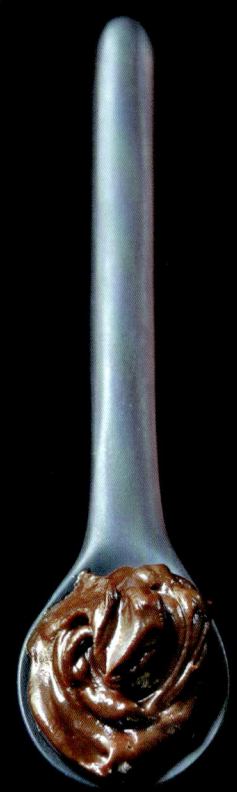

1
2

GRUNDREZEPTE

EINFACHE ZARTBITTERGLASUR *(Foto 1)*

FÜR EINEN KUCHEN VON
22 CM DURCHMESSER
ZUBEREITUNGSZEIT: 2 MINUTEN

200 g Zartbitterschokolade
100 g Butter
4 EL Wasser

Alle Zutaten ganz langsam in der Mikrowelle oder im Wasserbad schmelzen und gut verrühren. Den Kuchen auf einem Kuchengitter über eine Schokoladenfolie oder ein Blatt Backpapier stellen und die leicht abgekühlte Glasur auf dem Kuchen verteilen.

ULTRASIMPLE GANACHE *(Foto 2)*

ZUM FÜLLEN UND BESTREICHEN EINES
KUCHENS VON 22 CM DURCHMESSER
ZUBEREITUNGSZEIT: 5 MINUTEN

300 g Zartbitterschokolade
300 g Rahm

Die zerkleinerte Schokolade in eine Rührschüssel geben. Den Rahm zum Kochen bringen, über die Schokolade gießen und alles zu einer glatten, glänzenden Masse verrühren. Die Ganache etwa 10 Minuten kühl stellen. Nach dem Erkalten mit dem Handmixer zu einer dicken Creme aufschlagen. Die Ganache mit einem Glasurmesser auftragen.

3 4

SCHOKOLADENSAUCE,
(SCHWARZ, WEISS ODER VOLLMILCH) *(Foto 3)*

FÜR 6 PERSONEN
ZUBEREITUNGSZEIT: 5 MINUTEN

150 g Vollmilch- oder
Zartbitterschokolade oder
200 g weiße Schokolade
200 ml Rahm
100 ml Milch

Die zerkleinerte Schokolade in eine Rührschüssel geben.
Rahm und Milch zum Kochen bringen und über die zerkleinerte
Schokolade gießen. Gut verrühren. Heiß oder kalt servieren.

GANACHE VON WEISSER SCHOKOLADE *(Foto 4)*

FÜR EINEN KUCHEN VON 22 CM
DURCHMESSER
ZUBEREITUNGSZEIT: 2 MINUTEN

200 g weiße Schokolade
75 g Butter

Die Schokolade und die Butter ganz langsam in der Mikrowelle
schmelzen und gut verrühren. Die Masse abkühlen und leicht fest
werden lassen, dann auf dem Kuchen verteilen.

KLASSISCHE BUTTERCREME

ZUM FÜLLEN UND BESTREICHEN EINES
KUCHENS VON 22 CM DURCHMESSER
ZUBEREITUNGSZEIT: 5 MINUTEN

500 g Puderzucker
200 g weiche Butter
2 EL Kakaopulver, aufgelöst in 3 EL
heißem Wasser

Alle Zutaten mit dem Handmixer zu einer luftig-cremigen
Masse aufschlagen.

BESONDERS CREMIGE BUTTERCREME

ZUM FÜLLEN UND BESTREICHEN EINES
KUCHENS VON 22 CM DURCHMESSER
ZUBEREITUNGSZEIT: 5 MINUTEN

150 g Zartbitterschokolade
50 g Butter
5 EL Milch
250 g Puderzucker

Die Schokolade mit Butter und
Milch in der Mikrowelle oder
im Wasserbad schmelzen.
Den Puderzucker einrühren.
Vor der Weiterverarbeitung
abkühlen lassen.

WEISSE ODER VOLLMILCH-BUTTERCREME

ZUM FÜLLEN UND BESTREICHEN EINES
KUCHENS VON 22 CM DURCHMESSER
ZUBEREITUNGSZEIT: 5 MINUTEN

**250 g weiße oder
Vollmilchschokolade
100 g weiche Butter
5 EL Mascarpone
2 EL Puderzucker**

Die Schokolade in der Mikrowelle oder im Wasserbad
schmelzen. Butter und Mascarpone mit dem Handmixer
aufschlagen, dann unter
Rühren die flüssige Schokolade und anschließend
den Puderzucker einarbeiten,
sodass eine cremige Masse
entsteht.

ERDNUSSBUTTER-GLASUR

ZUM FÜLLEN UND BESTREICHEN EINES
KUCHENS VON 22 CM DURCHMESSER
ZUBEREITUNGSZEIT: 5 MINUTEN

**200 g Erdnussbutter
75 g Puderzucker**

Mit dem Handmixer die Erdnussbutter und den Puder-
zucker cremig schlagen und
auf dem Kuchen verteilen.

1   2

SCHOKOLADENSAUCE *(Foto 1)*

FÜR 6 PERSONEN
ZUBEREITUNGSZEIT: 5 MINUTEN

200 ml Rahm
100 ml Milch
200 g weiße Schokolade
oder 150 g Vollmilch- oder
Zartbitterschokolade

Die zerkleinerte Schokolade in eine Rührschüssel geben.
Den Rahm und die Milch zum Kochen bringen und über
die Schokolade gießen. Gut verrühren. Heiß oder abgekühlt
servieren.

SCHOKOLADEN-KARAMELL-SAUCE *(Foto 2)*

FÜR 6 PERSONEN
ZUBEREITUNGSZEIT: 5 MINUTEN

50 g Butter
300 ml Rahm
200 g Rohzucker
180 g Zartbitterschokolade

Butter, Rahm und Zucker erhitzen, bis sich der Zucker aufgelöst hat.
Die zerkleinerte Schokolade dazugeben und unter Rühren schmelzen.
Vor dem Servieren abkühlen lassen.

IRISH-COFFEE-SAUCE

FÜR 6 PERSONEN
ZUBEREITUNGSZEIT: 5 MINUTEN

220 g Zucker
250 ml starker Kaffee
2 EL irischer Whisky

Den Zucker mit 1 Esslöffel Wasser zu Karamell kochen.
Den Kaffee hinzufügen, glatt rühren und abkühlen lassen.
Zuletzt den Whisky darunterrühren.

3 4

ENGLISCHE CREME AUS SCHWARZER ODER WEISSER SCHOKOLADE *(Foto 3)*

FÜR 6–8 PERSONEN
ZUBEREITUNGSZEIT: 5 MINUTEN
GARZEIT: 5 MINUTEN
ABKÜHLZEIT: 2 STUNDEN

500 ml Milch
5 Eigelb
60 g Zucker
60 g Zartbitterschokolade oder
100 g weiße Schokolade

Die Milch erhitzen, ohne sie zum Kochen zu bringen.
Die Eigelbe mit dem Zucker dickcremig auf das doppelte Volumen aufschlagen. Unter Rühren die heiße Milch dazugießen.
Die Creme zurück auf den Herd stellen und bei hoher Temperatur kräftig und schnell aufschlagen, bis sie eindickt, sodass sie auf einem Löffelrücken haften bleibt und der Abdruck eines Fingers darauf sichtbar zurückbleibt.
Die zerkleinerte Schokolade unter Rühren darin schmelzen, und die Creme abkühlen lassen.

Tipp: Für eine klassische Englische Creme gibt man eine aufgeschlitzte und ausgekratzte Vanilleschote zur Milch und verwendet 100 g Zucker anstatt nur 60 g.

KARAMELLSAUCE MIT GESALZENER BUTTER *(Foto 4)*

FÜR 6 PERSONEN
ZUBEREITUNGSZEIT: 5 MINUTEN

100 g Zucker
50 g gesalzene Butter
300 ml Rahm

Den Zucker in einer dünnen Schicht in eine Pfanne geben, schmelzen und karamellisieren lassen. Vom Herd nehmen und die Butter hinzufügen (keine Sorge, wenn die Masse dabei hart wird), anschließend den Rahm beifügen und unter Rühren erneut erhitzen.

1   2

DUNKLE MOUSSE AU CHOCOLAT *(1)*

FÜR 4 PERSONEN
ZUBEREITUNGSZEIT: 10 MINUTEN
ABKÜHLZEIT: 2 STUNDEN

150 g Zartbitterschokolade, zerkleinert
2 TL Rum, Kaffeelikör oder Cognac, nach Belieben
5 Eier, getrennt

Die Schokolade in der Mikrowelle oder im Wasserbad schmelzen. Vom Herd nehmen, nach Belieben den Alkohol hinzufügen und dann nach und nach die Eigelbe einrühren. Die Eiweiße steif schlagen und den Eischnee vorsichtig unter die Schokoladenmasse heben. Die Mousse in eine Schüssel geben oder in Dessertschalen verteilen und vor dem Servieren mindestens 2 Stunden kalt stellen.

RAFFINIERTE DUNKLE MOUSSE AU CHOCOLAT *(2)*

FÜR 6 PERSONEN
ZUBEREITUNGSZEIT: 10 MINUTEN
ABKÜHLZEIT: 2 STUNDEN

200 g Zartbitterschokolade, zerkleinert
50 g Butter
100 ml Crème fraîche
3 Eier, getrennt
25 g Puderzucker

Die Schokolade zusammen mit der Butter in der Mikrowelle oder im Wasserbad schmelzen. Die Crème fraîche mit den Eigelben und dem Puderzucker verrühren. Die Schokoladenmischung unter die Crème fraîche ziehen und gut verrühren. Die Eiweiße sehr steif schlagen und behutsam unter die Schokoladenmasse heben. Die Mousse in eine Schüssel geben oder in Dessertschalen verteilen und vor dem Servieren mindestens 2 Stunden kalt stellen.

VOLLMILCH-MOUSSE-AU-CHOCOLAT *(ci-contre)*

FÜR 4 PERSONEN
ZUBEREITUNGSZEIT: 5 MINUTEN
ABKÜHLZEIT: 1 NACHT

100 ml Rahm
150 g Vollmilchschokolade

Den Rahm erhitzen und über die zerkleinerte Schokolade gießen. Gut rühren, bis die Schokolade geschmolzen und eine glatte, glänzende Masse entstanden ist. Im Kühlschrank über Nacht oder mindestens 4 Stunden auskühlen lassen. Vor dem Servieren mit dem Handmixer aufschlagen. Nach Belieben mit Karamell-Tuiles (Rezept Seite 30) dekorieren.

WEISSE MOUSSE AU CHOCOLAT

FÜR 6 PERSONEN
ZUBEREITUNGSZEIT: 10 MINUTEN
ABKÜHLZEIT: 1 NACHT

100 ml Rahm
200 g weiße Schokolade

Den Rahm erhitzen und über die zerkleinerte Schokolade gießen. Gut rühren, bis die Schokolade geschmolzen und eine glatte, glänzende Masse entstanden ist. Im Kühlschrank über Nacht oder mindestens 4 Stunden auskühlen lassen. Vor dem Servieren mit dem Handmixer aufschlagen. Mit roten Früchten der Saison servieren.

KARAMELL-TUILES

FÜR 6-8 PERSONEN
ZUBEREITUNGSZEIT: 10 MINUTEN
KOCHZEIT: 10 MINUTEN
ABKÜHLZEIT: 10 MINUTEN

2 EL heller Sesam
3 kandierte Orangenstäbchen,
sehr fein gewürfelt
1 EL kandierter Ingwer, sehr
fein gewürfelt
100 g Zucker

Den Sesam in einem Topf oder auf einem Blech bei 180 Grad
1–2 Minuten rösten.
Den Sesam mit dem kandierten Obst vermischen und die Mischung
in kleinen Häufchen auf ein Marmorbrett oder eine Silikonmatte
setzen.
Den Zucker ganz langsam in einem Topf mit dickem Boden erhitzen,
bis ein dunkler Karamell entstanden ist; diesen über die Sesamhäufchen träufeln und zu unregelmäßigen Formen zerlaufen lassen.
Fest werden lassen.

Tipp: Nach Belieben kann man den Zucker vor dem Karamellisieren
mit 1 TL Kakaopulver vermischen.

Mit geringem Aufwand lassen sich Ihre Schokoladen-
desserts in wunderschöne Meisterwerke verwandeln.

FEINE SPÄNE *(Foto Seite 38)*

Mit einem Sparschäler von einer Tafel Schokolade bei Raumtemperatur
feine Hobel abziehen.

RÖLLCHEN UND FÄCHER

Dafür lässt man flüssige Schokolade auf einer kalten Unterlage, am
besten Marmor, fest, aber nicht zu fest werden. Mit einem Flach-
hobel (siehe Seite 14) fährt man dann über die Schokolade: in einer
geraden Bewegung, um Röllchen herzustellen, mit einer leichten
Drehung für Fächer. Das Ganze muss relativ schnell geschehen –
solange die Schokolade die richtige Konsistenz hat.

KAKAOPULVER UND PUDERZUCKER

Unverzichtbar und immer wieder schön. Verwenden Sie ein feines Sieb.

SCHOKORIEGEL

Viele Schokoriegel sind heute im Miniformat erhältlich. Sie geben
Biss und einen unkonventionellen Look. (Solange Sie für Ihren Kuchen
eine hochwertige Schokolade verwendet haben, wird Ihnen der
Gott der Schokolade diesen kleinen Abweicher vom rechten Pfad
der Tugend sicher verzeihen.)

SCHOKOLADENBLÄTTER UND ANDERE FORMEN *(ganz rechts)*

Mit Schokoladenfolie oder Backpapier und einem Holzspieß können
Sie Verzierungen nach Belieben herstellen. Die Folie auf eine glatte,
kühle Unterlage legen und den Holzspieß wie einen Stift oder Pinsel
einsetzen.

PINSEL-VERZIERUNGEN *(rechts)*

Wählen Sie einen feinen oder dickeren Pinsel und malen Sie Formen
nach Belieben entweder auf Schokoladenfolie oder auf eine Silikonmatte. Sie können so hauchdünne, fein gewellte Schokoladenblätter
herstellen, die Sie dann mit Kakaopulver, fein gehacktem Trockenobst, Karamellsplittern oder Salz bestreuen. Diese lassen sich als
Verzierung verwenden – oder ganz einfach so knabbern.

SCHOKOLADENBLATT

FÜR 500 ML (FÜR EIN BLECH,
DAS ZUM DEKORIEREN VON ETWA
8 KUCHEN AUSREICHT, DIE ZUTATEN-
MENGEN HALBIEREN)
ZUBEREITUNGSZEIT: 25 MINUTEN
KOCHZEIT: 15 MINUTEN
ABKÜHLZEIT: 2 STUNDEN

500 ml Rahm
1 Vanilleschote
5 Eigelb
75 g Zucker
40 g Speisestärke (Maisstärke)
25 g Kakaopulver

Dieses Rezept ist eine wahre Perle. Es stammt von dem englischen Küchenchef Jason Atherton. Die zunächst geschmeidige und reichhaltige Masse, eigentlich eine Konditorcreme, wird zu einem hauchdünnen und knusprigen Schokoladenblatt verarbeitet. Eine köstliche und elegante Verzierung für Desserts oder Eisbecher.

Für die Konditorcreme den Rahm mit der längs halbierten und ausgekratzten Vanilleschote in einem Topf zum Kochen bringen.
Die Eigelbe mit dem Zucker dickcremig auf das doppelte Volumen aufschlagen und die Maisstärke darunterrühren.
Den sehr heißen Rahm unter ständigem Rühren über die Eimasse gießen; dann die Creme durch ein feines Sieb in einen sauberen Topf streichen.
Den Topf zurück auf den Herd stellen und die Creme bei mäßiger Temperatur unter gelegentlichem Rühren 4–5 Minuten eindicken lassen.
Das Kakaopulver dazusieben und verrühren. Die Creme in eine Schüssel füllen und mit einer direkt auf die Oberfläche gelegten Frischhaltefolie abdecken, damit sich keine Haut bildet. Abkühlen lassen.

Den Ofen auf 180 Grad vorheizen.

Ein Backblech mit Backpapier oder einer Silikonmatte auslegen.
Mit einem Paletten- oder Glasurmesser eine dünne Schicht Schokoladencreme auf der Silikonmatte verstreichen und im Ofen 7–8 Minuten backen, bis die Schokoladenschicht trocken ist. Herausnehmen, 1–2 Minuten abkühlen lassen, dann mit dem Palettenmesser von der Unterlage lösen. In die gewünschte Form schneiden, solange das Blatt noch etwas flexibel ist.
Sofort weiterverwenden oder in einem luftdicht verschließbaren Behälter zwischen zwei Lagen Backpapier aufbewahren.

...Tafel Schokolade, am besten noch im Silberpapier, leicht zwischen den Händen erwärmen.
...n mit dem Sparschäler feine Späne abhobeln.

Für Desserts und Backwaren eignen sich beliebige Zuckerverzierungen,
wie sie auch für Cupcakes verwendet werden.

FÜR EINE TARTEFORM VON 26 CM
DURCHMESSER
ZUBEREITUNGSZEIT: 5 MINUTEN
RUHEZEIT: 2 STUNDEN

250 g Mehl
125 g sehr kalte Butter, klein
gewürfelt
2 EL Zucker
3–4 EL Eiswasser

Mehl, Butter und Zucker in eine Rührschüssel geben und mit den Fingern fein verreiben. Dies kann auch in der Küchenmaschine geschehen.

In der Mitte eine Mulde formen und das Eiswasser hineingeben. Zunächst alles mit einem Holzlöffel verrühren, dann mit den Händen zu einem glatten Teig kneten und zu einer Kugel formen.
Vor der Weiterverarbeitung in Frischhaltefolie verpackt mindestens 2 Stunden im Kühlschrank ruhen lassen.

SCHOKOLADEN-SANDTEIG

FÜR EINE TARTEFORM VON 26 CM
DURCHMESSER
ZUBEREITUNGSZEIT: 5 MINUTEN
RUHEZEIT: 2 STUNDEN

250 g Mehl
100 g Puderzucker
1 Prise Salz
1 EL Kakaopulver
200 g sehr kalte Butter, klein
gewürfelt
2 Eigelb, mit 1 EL Wasser verklopft

Mehl, Puderzucker, Salz, Kakaopulver und Butter in eine Rührschüssel geben und mit den Fingern fein verreiben. Dies kann auch in der Küchenmaschine geschehen.

In der Mitte eine Mulde formen und die Eigelbmischung hineingeben. Zunächst alles mit einem Holzlöffel verrühren, dann mit den Händen zu einem glatten Teig kneten und zu einer Kugel formen.
Vor der Weiterverarbeitung in Frischhaltefolie verpackt mindestens 2 Stunden im Kühlschrank ruhen lassen.

MANDEL-SANDTEIG

FÜR EINE TARTEFORM VON 30 CM
DURCHMESSER ODER 10 TARTELETTES
VON JE 10 CM DURCHMESSER
ZUBEREITUNGSZEIT: 5 MINUTEN
RUHEZEIT: 1 STUNDE

250 g Mehl
50 g Puderzucker
1 Prise Salz
50 g gemahlene Mandeln
100 g sehr kalte Butter, klein
gewürfelt
1 Eigelb, mit 2 EL Eiswasser
vermischt

Mehl, Puderzucker, Salz und geriebene Mandeln in eine Rührschüssel geben. Die Butter hinzufügen und alles mit den Fingern fein verreiben.

Die Eigelbmischung dazugeben. Zunächst alles mit einem Holzlöffel verrühren, dann mit den Händen zu einem glatten Teig kneten und zu einer Kugel formen. Vor der Weiterverarbeitung in Frischhaltefolie verpackt mindestens 1 Stunde im Kühlschrank ruhen lassen.

BLINDBACKEN

Den Teig ausrollen und die Form damit auskleiden.
Den Teig mit Backpapier bedecken und mit Blindbackgewichten oder Hülsenfrüchten beschweren. Im vorgeheizten Ofen bei 180 Grad 15–20 Minuten backen. Den Teig abkühlen lassen, bevor er mit Schokoladencreme oder einer anderen Füllung versehen wird.

BELIEBTE KLASSIKER

SCHOKOLADENFONDANT-KUCHEN »NATHALIE«

FÜR 6-8 PERSONEN
ZUBEREITUNGSZEIT: 5 MINUTEN
BACKZEIT: 22 MINUTEN
MÖGLICHST AM VORTAG BACKEN

200 g Zartbitterschokolade
200 g Butter
250 g Zucker
5 Eier
1 EL Mehl

Nach den begeisterten Reaktionen, die dieses Rezept immer wieder und selbst bei versierten Konditoren auslöst, ist es einer meiner beliebtesten Klassiker. Denken Sie daran, diesen Kuchen schon am Vorabend zu backen oder morgens, wenn Sie ihn abends Ihren Gästen servieren möchten.

Den Ofen auf 190 Grad vorheizen.
Schokolade und Butter zusammen in der Mikrowelle oder im Wasserbad schmelzen. Den Zucker dazugeben, gut durchrühren und etwas abkühlen lassen. Unter Rühren mit einem Holzlöffel nacheinander die Eier dazugeben; dabei nach jedem Ei gründlich rühren, damit es sich gut mit der Masse verbindet.
Zuletzt das Mehl hinzufügen und glatt rühren. Den Teig in eine Springform von 20 cm Durchmesser füllen. Im vorgeheizten Ofen 22 Minuten backen. Der Kuchen muss in der Mitte auf Fingerdruck noch leicht nachgeben. Aus dem Ofen nehmen, sofort aus der Form lösen und abkühlen lassen.

TARTE ABSOLUE

FÜR 8-10 PERSONEN
ZUBEREITUNGSZEIT: 30 MINUTEN
BACKZEIT: 20 MINUTEN
RUHEZEIT: 2 STUNDEN

1 Portion Schokoladen-Sandteig
(Rezept Seite 40)
150 g Zartbitterschokolade
zum Bestreichen
300 g Zartbitterschokolade
für die Füllung
200 ml Rahm
3 Eigelb
40 g Butter

Den Schokoladen-Sandteig zubereiten. Eine runde Kuchenform
mit herausnehmbarem Boden oder eine Springform von
26 cm Durchmesser mit dem Teig auslegen. Den Teigboden
blind backen (siehe Seite 40) und auskühlen lassen.

150 g Schokolade in der Mikrowelle oder im Wasserbad schmelzen,
den ausgekühlten Sandteigboden damit bestreichen und vollständig
fest werden lassen.
Die restliche Schokolade zerkleinern und in eine Rührschüssel geben.
Den Rahm erhitzen, darübergießen und gut umrühren. Anschließend
die Eigelbe und die Butter einrühren. Die Masse auf dem Teigboden
verteilen und erkalten lassen.

Tipp: Die Tarte nach Belieben mit Schokoladen-Karamell dekorieren.
Dazu bei ganz niedriger Temperatur in einem Topf 100 g Zucker
schmelzen, karamellisieren lassen und 1 TL gesiebtes Kakaopulver
einrühren. Mit der Karamellmasse auf einer Silikonmatte oder
auf Backpapier Formen bilden, fest werden lassen und damit die
Tarte verzieren.

SCHOKOLADEN-BANANEN-TATIN

FÜR 6-8 PERSONEN
ZUBEREITUNGSZEIT: 15 MINUTEN
BACKZEIT: 35 MINUTEN

150 g Zucker
80 g leicht gesalzene Butter
4-5 nicht allzu reife Bananen
1 runde Platte ausgerollter
Blätterteig
100 g Zartbitterschokolade,
geraspelt

Den Ofen auf 190 Grad vorheizen.

Den Boden einer Backform oder einer ofenfesten Pfanne von
24 cm Durchmesser gleichmäßig mit dem Zucker bestreuen.

Die Form oder Pfanne auf der Herdplatte erhitzen, bis der Zucker
schmilzt und karamellisiert. Sobald das Karamell sich dunkelbraun
färbt, die Form oder Pfanne vom Herd nehmen und ein nuss-
großes Stück Butter einrühren.

Die Bananen in 2-3 cm dicke Scheiben schneiden und diese auf dem
heißen Karamell verteilen.

Die Teigplatte auf die Bananen legen und die Ränder nach innen
einschlagen. Im vorgeheizten Ofen 30-35 Minuten backen,
bis der Teig schön gebräunt ist. Aus dem Ofen nehmen, 5 Minuten
abkühlen lassen und anschließend auf eine Platte stürzen.

Eventuell in der Form hängen gebliebene Bananenstücke und
Karamell lösen und in die Tarte einsetzen. Die Tarte mit der
geraspelten Schokolade bestreuen und mit Eis oder Crème fraîche
servieren.

Tipp: Zur Abwechslung kann man die Bananenscheiben auch mit
frischen Mango- oder Ananasscheiben mischen.

DIE BESTEN BROWNIES

FÜR 10 STÜCK
ZUBEREITUNGSZEIT: 10 MINUTEN
BACKZEIT: 30 MINUTEN

90 g Butter
120 g Zartbitterschokolade
2 Eier, verklopft
225 g Zucker
90 g Mehl
50 g Hasel- oder Macadamianüsse,
geröstet und gehackt, oder
Pekannüsse, gehackt

Vergessen Sie all die Backmischungen und stellen Sie
Ihre Brownies selbst her – mit guter, echter Schokolade!

Den Ofen auf 180 Grad vorheizen.
Eine quadratische Backform von 20 cm Kantenlänge oder eine
ähnlich große Auflaufform buttern.
Butter und Schokolade in der Mikrowelle oder im Wasserbad
schmelzen und etwas abkühlen lassen. Zuerst die verklopften Eier,
dann den Zucker und das Mehl dazugeben und alles zügig, aber
dennoch behutsam zu einem Teig rühren. Die Nüsse darunterheben.
Den Teig in die Form füllen und im vorgeheizten Ofen etwa 30 Minuten
backen. An der Oberfläche soll sich eine Kruste bilden, das Innere
aber noch weich sein.
Herausnehmen, etwas abkühlen lassen, dann aus der Form lösen
und in etwa 10 rechteckige Stücke schneiden. Warm mit Vanilleeis
oder Crème fraîche servieren.

Tipp: Brownies kann man auch als Dessert servieren: Statt den Kuchen
in Rechtecke zu schneiden, sticht man mit einer runden Keksform
Kreise aus, gibt eine Kugel Eis darauf und übergießt alles mit
Schokoladensauce (siehe Rezept Seite 24).

MANDEL-BROWNIES

FÜR 12 STÜCK
ZUBEREITUNGSZEIT: 10 MINUTEN
BACKZEIT: 20 MINUTEN

125 g leicht gesalzene Butter
200 g Zartbitterschokolade
3 Eier, getrennt
50 g Mehl
100 g Zucker
75 g geschälte, grob gehackte
Mandeln

Den Ofen auf 180 Grad vorheizen.
Die Butter und die Schokolade zusammen in der Mikrowelle oder im Wasserbad schmelzen. Die Eigelbe hinzufügen und gut verrühren.
Das Mehl dazusieben und den Zucker einrühren.
Die Eiweiße steif schlagen und den Eischnee unter den Teig ziehen; dabei den Teig immer wieder anheben, um möglichst viel Luft einzuarbeiten. Zuletzt behutsam die Mandeln darunterheben.
Den Teig in eine Silikonform oder eine gefettete, bemehlte Auflaufform von 20 cm Kantenlänge geben. Im vorgeheizten Ofen 20 Minuten backen. Herausnehmen, abkühlen lassen und in Stücke schneiden.

MACADAMIA-BLONDIES

FÜR 12 STÜCK
ZUBEREITUNGSZEIT: 10 MINUTEN
ABKÜHLZEIT NÜSSE: 20 MINUTEN
BACKZEIT: 30 MINUTEN

100 g Macadamia-Nüsse
175 g leicht gesalzene Butter
150 g Zucker
175 ml Ahornsirup
2 Eier, leicht verklopft
175 g Mehl

Den Ofen auf 190 Grad vorheizen.
Die Nüsse etwa 5 Minuten in einer Pfanne ohne Fettzugabe goldbraun rösten, abkühlen lassen und grob hacken.
Die Butter in einem Topf bei niedriger Temperatur schmelzen.
Den Topf vom Herd nehmen und Zucker, Ahornsirup sowie Eier einrühren.
Das Mehl sieben und unter die Masse heben, dann die Nüsse hinzufügen.
Den Teig in eine Silikonform oder eine gefettete, bemehlte Auflaufform von 20 cm Kantenlänge geben. Im vorgeheizten Ofen 25–30 Minuten backen. Der Teig muss in der Mitte auf Fingerdruck noch nachgeben. Aus dem Ofen nehmen, 15 Minuten abkühlen lassen und in Stücke schneiden.

PISTAZIEN-BROWNIES

FÜR 12 STÜCK
ZUBEREITUNGSZEIT: 10 MINUTEN
BACKZEIT: 15 MINUTEN

125 g gesalzene Butter
125 g Zartbitterschokolade
2 Eier
125 g Zucker
80 g Mehl
75 g Pistazien

Den Ofen auf 180 Grad vorheizen.
Die Butter und die Schokolade zusammen ganz langsam in der Mikrowelle oder im Wasserbad schmelzen. Eier und Zucker dazugeben und zu einer glatten, glänzenden Masse verrühren.
Dann Mehl und Pistazien einrühren.
Den Teig in eine Silikonform oder eine gefettete, bemehlte Auflaufform von 20 cm Kantenlänge geben. Im vorgeheizten Ofen 15 Minuten backen. Der Teig muss in der Mitte noch weich sein. Aus dem Ofen nehmen, vollständig abkühlen lassen und in Stücke schneiden.

Tipp: Lassen Sie die Brownies über Nacht durchziehen und genießen Sie sie möglichst erst am nächsten Tag.

SCHOKOLADEN-MERINGUES

FÜR 15-20 STÜCK
ZUBEREITUNGSZEIT: 20 MINUTEN
BACKZEIT: 40 MINUTEN
ABKÜHLZEIT: 30 MINUTEN

3 Eiweiß
150 g Zucker
50 g Zartbitterschokolade, fein
gehackt oder geraspelt
2 TL Kakaopulver

Den Ofen auf 140 Grad vorheizen.
2 Bleche mit Silikonmatten oder Backpapier auslegen.
In einer ganz sauberen Schüssel die Eiweiße zu weichem Eischnee
schlagen. Dann nach und nach unter Rühren den Zucker hinzufügen
und weiterschlagen, bis der Eischnee fest und glänzend ist.
Die Schokolade mit dem Kakaopulver vermischen und die Mischung
zügig, aber behutsam unter den Eischnee ziehen, sodass dieser
marmoriert ist. Mit einem Löffel Eischneehäufchen auf die Bleche
setzen; dazwischen genügend Abstand lassen. Im vorgeheizten Ofen
40 Minuten backen. Herausnehmen und abkühlen lassen.
An einem kühlen, trockenen Ort aufbewahren.

Tipp: Mit Schokoladen-Schlagrahm servieren.

SCHOKOLADENWURST

FÜR ETWA 20 SCHEIBEN
ZUBEREITUNGSZEIT: 15 MINUTEN
ABKÜHLZEIT: 7 STUNDEN

125 g Zartbitterschokolade
50 g Butter
150 g Haselnüsse, grob gehackt
12 Stück »Soft Cake Orange« oder
ähnliche Biskuits, zerkleinert
100 g Rosinen
2-3 TL Puderzucker

Die Schokolade und die Butter im Wasserbad oder in der Mikrowelle
schmelzen. Dann alle Zutaten bis auf den Puderzucker einrühren.
Die Masse im Kühlschrank etwas abkühlen lassen; sobald sie nicht
mehr allzu sehr an den Händen klebt, in Wurstform rollen.
In Frischhaltefolie verpackt, mindestens 6-7 Stunden kalt stellen.
Dann die Folie abziehen, die Wurst in Puderzucker wälzen und
in Scheiben aufgeschnitten servieren.

Tipps: Genießen Sie die Schokoladenwurst mit einem süßen Dessert-
wein. Das Originalrezept sieht außerdem noch 3 EL Cognac oder
Amaretto vor. In dieser Variante reichen Sie die Schokoladenwurst
mit einem Kaffee als kleines Dessert.

MI-CUIT
SCHOKOLADENTÖRTCHEN MIT FLÜSSIGEM KERN

FÜR 2 PERSONEN
ZUBEREITUNGSZEIT: 5 MINUTEN
BACKZEIT: GENAU 12 MINUTEN
ABKÜHLZEIT: 10 MINUTEN

2 TL Kakaopulver
50 g Zartbitterschokolade
bester Qualität
50 g Butter
1 Ei
1 Eigelb
60 g Zucker
50 g Mehl

Ich habe mich lange, sehr lange davor gedrückt, den berühmten
»Mi-cuit« zu backen. Für mich ist alles, was ein exaktes Timing
erfordert, in höchstem Maße beängstigend. Eines Abends,
als wir nur zu zweit waren, habe ich schließlich meine Furcht
überwunden – mit Erfolg! Die folgende Version der berühmten
Kreation von Michel Bras ist im Übrigen sehr benutzerfreundlich.

Den Ofen auf 160 Grad vorheizen.
2 Souffléförmchen von 8 cm Durchmesser buttern und mit Kakaopulver
bestäuben, damit der Teig nicht kleben bleibt; überschüssiges
Pulver abklopfen.
Die Schokolade und die Butter zusammen in einer kleinen Schüssel
in der Mikrowelle oder im Wasserbad schmelzen und glatt rühren;
10 Minuten abkühlen lassen.
Ei, Eigelb und Zucker mit dem Handmixer dickcremig aufschlagen
und die Schokoladen-Butter-Masse darunterheben.
Das Mehl dazusieben und mit einem Metalllöffel unterheben.
Den Teig in die Förmchen füllen und 12 Minuten backen. Die Törtchen
auf vorgewärmte Dessertteller stürzen und mit Vanilleeis oder
Crèmefraîche servieren.

SACHERTORTE

FÜR 6 PERSONEN
ZUBEREITUNGSZEIT: 20 MINUTEN
BACKZEIT: 30 MINUTEN
ABKÜHLZEIT: 1 STUNDE

FÜR DEN KUCHEN
120 g Schokolade
75 g weiche Butter
55 g Zucker
4 Eier, getrennt
55 g Mehl

FÜR DIE APRIKOSENSAUCE
3 EL Aprikosenkonfitüre
1 Zitrone, Saft
etwa 10 getrocknete Aprikosen,
fein gewürfelt

FÜR DIE GLASUR
100 g Zartbitterschokolade
50 g Butter
2 EL Wasser

Die echte Sachertorte wird mit einer feinen Schicht Aprikosenkonfitüre bestrichen, die sich unter einer Zartbitterglasur verbirgt. Diese letzten beide Schritte überfordern mich allerdings etwas. Außerdem hatte ich immer den Eindruck, dass die Aprikosen neben dem Geschmack des sehr saftigen, reichhaltigen Teigs etwas untergehen. Puristen mögen jetzt vielleicht aufheulen, es wird Klagen hageln und Herr Sacher wird sich im Grabe umdrehen – aber hier ist meine ganz eigene Interpretation dieses köstlichen Desserts.

Den Ofen auf 180 Grad vorheizen.
Die Schokolade in der Mikrowelle oder im Wasserbad schmelzen. Butter und Zucker zu einer weißen, dickcremigen Masse aufschlagen. Nacheinander unter Rühren die Eigelbe dazugeben. Die flüssige Schokolade hinzufügen, gut verrühren, dann das Mehl darunterrühren. Die Eiweiße zu Schnee schlagen und in drei Portionen unter den Schokoladenteig heben, sodass der Eischnee möglichst nicht zusammenfällt.
Den Teig in 6 kleine Backringe von 6 cm Durchmesser oder in 6 Muffinformen (am besten in einer großen Silikonform) füllen. 20–25 Minuten backen, bis die Törtchen schön aufgegangen sind. Zur Probe mit einer Messerspitze hineinstechen; es dürfen keine Teigspuren daran haften. Aus dem Ofen nehmen und auf einem Kuchengitter abkühlen lassen, dann aus den Formen lösen und vollständig auskühlen lassen.

Für die Aprikosensauce die Konfitüre mit dem Zitronensaft, den getrockneten Aprikosen und etwas Wasser erhitzen und etwa 5 Minuten köcheln lassen, bis die Aprikosen schön weich sind. Abkühlen lassen. Ist die Sauce zu dick geworden, noch etwas Wasser dazugeben.

Für die Glasur die Schokolade mit Butter und Wasser in der Mikrowelle oder im Wasserbad erhitzen.

Die Törtchen in der Mitte durchschneiden, auf jeden Teller eine Hälfte legen, jeweils einen Löffel Aprikosensauce darübergeben, die zweite Hälfte daraufsetzen und mit der Glasur übergießen. Sofort servieren oder warten, bis die Glasur fest geworden ist.

Tipp: Statt in runden Förmchen kann der Teig auch in einer viereckigen Form gebacken und dann, wie auf dem Foto, in Quadrate geschnitten werden.

KLEINE SCHOKOPUDDINGS –

WIE DIE VON MAMA

FÜR 6 PERSONEN
ZUBEREITUNGSZEIT: 10 MINUTEN
BACKZEIT: 20 MINUTEN

5 Eier
75 g Zucker
600 ml Vollmilch
100 g Zartbitterschokolade,
zerkleinert

Den Ofen auf 180 Grad vorheizen.
Eier und Zucker mit dem Handmixer schaumig schlagen.
Die Milch zum Kochen bringen und über die Schokolade gießen,
gut umrühren. Nach und nach die flüssige Schokoladen-Milch-Mischung
zu den Eiern gießen und gründlich mischen.
Die Masse in 6 kleine Dessert- oder Souffléförmchen gießen.
Die Förmchen in eine große Auflaufform stellen und diese zur Hälfte
mit heißem Wasser füllen. Im Ofen 15–20 Minuten stocken lassen.
Herausnehmen, abkühlen lassen und mit kleinen knusprigen
Keksen servieren.

VIRGINIES SCHOKOLADEN-PAVÉ

FÜR 6 PERSONEN
ZUBEREITUNGSZEIT: 15 MINUTEN
ABKÜHLZEIT: 5–6 STUNDEN

400 g Zartbitterschokolade
125 g Butter
4 Eigelb
75 g Puderzucker
500 ml Rahm

Ebenso wie der Kuchen von Nathalie erfreut sich dieses Rezept
in meinem Freundeskreis größter Beliebtheit – und gehört
damit unbedingt in dieses Buch. Ein Dessert-Klassiker,
der bleibenden Eindruck hinterlässt.

Die Schokolade und die Butter zusammen in der Mikrowelle
oder im Wasserbad schmelzen.
Eigelbe und Zucker zu einer weißen, schaumigen Masse aufschlagen.
Beide Massen mit einem Schneebesen verrühren. Den Rahm steif
schlagen und vorsichtig darunterheben.
Eine Kastenform von 25 cm Länge mit Frischhaltefolie auskleiden
und die Masse einfüllen. 5–6 Stunden im Kühlschrank erkalten lassen.
Stürzen, die Folie vorsichtig abziehen und in Scheiben schneiden.

ILES FLOTTANTES

KOCHZEIT: 15 MINUTEN
ABKÜHLZEIT: 1 STUNDE
KÜHLZEIT: 2 STUNDEN

FÜR DIE SCHOKOLADENSAUCE
500 ml Milch
5 Eigelb
50 g Zucker
60 g Zartbitterschokolade

FÜR DIE SCHNEEEIER
5 Eiweiß
30 g Zucker
etwas Rohzucker
50 g geröstete oder karamellisierte
Haselnüsse oder Mandeln

Für die Sauce die Milch erhitzen, aber nicht kochen lassen. Die Eigelbe
und den Zucker mit dem Handmixer zu einer weißlichen, schaumigen
Masse aufschlagen, die am Ende etwa das doppelte Volumen hat.
Unter Rühren die heiße Milch dazugießen und alles unter ständigem
Rühren aufkochen lassen, bis die Creme eindickt und auf einem
Löffelrücken haften bleibt. Die Schokolade zur Creme geben
und schmelzen, dann die Sauce abkühlen lassen und zum
vollständigen Erkalten in den Kühlschrank stellen.

Für die Schneeeier die Eiweiße steif schlagen. Unter ständigem
Weiterschlagen den Zucker dazugeben.
Mit einem Esslöffel 6 Eischneehaufen formen, diese in kochendes
Wasser geben und etwa 1 Minute darin garen. Herausheben,
abtropfen und abkühlen lassen.

Zum Servieren die Schokoladensauce in 6 Dessertschalen verteilen
und jeweils eine »Eischneeinsel« auf den »Schokoladensee«
setzen. Nach Belieben mit braunem Zucker und/oder karamellisierten
bzw. gerösteten Mandeln oder Haselnüssen bestreuen.

Tipps: 1 EL Kakaobohnensplitter unter den Eischnee heben.
Den Eischnee kann man auch in der Mikrowelle garen. Dazu die
Eischneehäufchen einzeln auf einen Teller setzen und bei
hoher Wattzahl 5 Sekunden garen, bis sie sich leicht aufblähen.

SCHOKOLADEN-ROULADE

FÜR 8 PERSONEN
ZUBEREITUNGSZEIT: 25 MINUTEN
BACKZEIT: 20 MINUTEN

175 g Zartbitterschokolade,
zerkleinert
5 Eier, getrennt
175 g Zucker
2 EL Puderzucker
2 EL Kakaopulver

FÜR DIE FÜLLUNG
Creme nach Wahl (siehe
Rezepte Seite 20–25)

Den Ofen auf 180 Grad vorheizen. Ein Backblech mit einer Silikonmatte
oder Backpapier auslegen.

Die Schokolade in der Mikrowelle oder im Wasserbad schmelzen.
Mit dem Handmixer die Eigelbe und den Zucker dickcremig
aufschlagen. Vorsichtig unter Rühren die flüssige, aber
leicht abgekühlte Schokolade hinzugeben.
Die Eiweiße zu nicht allzu festem Schnee schlagen und in drei
Portionen behutsam unter den Teig heben, sodass der Schnee
möglichst nicht zusammenfällt.
Den Teig auf dem Blech ausstreichen und 15–20 Minuten backen;
die Oberfläche soll fest, aber noch weich sein und auf leichten
Fingerdruck nachgeben. Das Blech aus dem Ofen nehmen,
den noch heißen Biskuitboden mit einem zweiten Blatt Backpapier
bedecken und erkalten lassen.

Sobald der Biskuitboden ausgekühlt ist, vorsichtig das obere Backpapier abheben, mit der unbenutzten Seite nach oben danebenlegen
und diese mit Puderzucker und Kakaopulver bestäuben.
Den Biskuitboden vorsichtig auf das bestäubte Backpapier stürzen.
Die Silikonmatte bzw. das Backpapier, auf dem der Buiskuitboden
gebacken wurde, sehr vorsichtig abziehen. Falls gewünscht, die Kanten
geradeschneiden.

Eine Creme nach Wahl nicht zu dick auf dem Biskuitboden verstreichen;
an der oberen Kante 2 cm frei lassen. Dann den Biskuitboden mithilfe
des Papiers vorsichtig einrollen; die erste Umdrehung muss sehr eng
sein (maximal 2 cm Durchmesser), damit sich die weiteren Drehungen
mühelos ergeben. (Es ist nicht schlimm, wenn der Biskuitboden
stellenweise bricht – das sieht ebenfalls schön und appetitlich aus.)

Tipp: Die Rolle bis zum vollständigen Erkalten in das Papier
eingewickelt lassen und das Papier erst kurz vor dem Servieren
entfernen; so behält sie ihre Form besser.

HÖLLENSCHEIT

FÜR 8-10 PERSONEN
ZUBEREITUNGSZEIT: 1 STUNDE
BACKZEIT: 10-12 MINUTEN

FÜR DEN BISKUITTEIG
3 Eier
120 g Zucker
85 g Mehl, gesiebt
2 EL Kakaopulver, gesiebt
1 EL heißes Wasser

FÜR DIE FÜLLUNG
300 ml Rahm
3 EL Mascarpone

FÜR DIE BUTTERCREME
150 g Zartbitterschokolade
250 g sehr weiche Butter
500 g Puderzucker
2 EL Milch

Beim Rollen muss man nur einmal kurz die Luft anhalten – aber auch das soll kein Hindernis sein. Achten Sie darauf, Eier und Zucker lange genug aufzuschlagen, dann gelingt das Rezept sicher. Bei der Dekoration können Sie natürlich auch ein bisschen mehr Aufwand betreiben als ich …

Den Ofen auf 200 Grad vorheizen.

Die Eier und den Zucker in einer Schüssel dickcremig aufschlagen, bis die Rührbesen beim Herausheben eine sichtbare Spur hinterlassen. Die Hälfte des Mehls und das Kakaopulver dazugeben und behutsam darunterrühren. Dann das restliche Mehl und das heiße Wasser hinzufügen und erneut vorsichtig verrühren.
Den Teig auf ein mit einer Silikonmatte oder Backpapier ausgelegtes Blech (33 x 33 cm) geben und gleichmäßig verteilen. 10–12 Minuten backen; der Teig muss bei Fingerdruck elastisch nachgeben.
Aus dem Ofen nehmen, den Biskuit mit etwas Zucker bestreuen, ein Blatt Backpapier darauflegen und leicht festdrücken, dann das Ganze auf ein angefeuchtetes Küchentuch stürzen und vollständig abkühlen lassen.

Für die Füllung den Rahm mit dem Mascarpone zu einer cremigen, lockeren Masse aufschlagen. Diese auf dem erkalteten Biskuitboden verteilen; rundherum 1 cm Rand frei lassen.
Dann den Biskuitteig mithilfe des Backpapiers einrollen; dabei sehr eng beginnen und möglichst ohne zu unterbrechen bis zum Ende aufrollen.

Für die Buttercreme die Schokolade in der Mikrowelle oder im Wasserbad schmelzen. Alle Zutaten mit dem Handmixer aufschlagen. Die Buiskuitrolle mit der Buttercreme überziehen; dabei, falls gewünscht, mit dem Glasurmesser eine rindenähnliche Struktur hineindrücken und nach Belieben dekorieren.
Die Buttercreme fest werden lassen.

Bis zum Servieren an einem kühlen, trockenen Ort aufbewahren.

SCHOKOLADENKUCHEN MIT GUINNESS

FÜR 8-10 PERSONEN
ZUBEREITUNGSZEIT: 20 MINUTEN
BACKZEIT: 60-75 MINUTEN
RUHEZEIT: 1 NACHT

FÜR DEN KUCHEN
125 g Butter
125 g leicht gesalzene Butter
250 ml Guinness-Bier
75 g Kakaopulver
2 Eier
150 ml Crème fraîche
1 EL natürlicher Vanilleextrakt
275 g Mehl
2 TL Backpulver
350 g Zucker

FÜR DIE DEKORATION
300 ml Rahm
3 EL Mascarpone

Ein großer irischer Klassiker: dunkel und malzig im Geschmack, einfach himmlisch zu einer Tasse aromatischem irischem Tee oder zum Kaffee – gerne auch mit einem Schuss Whisky.

Den Ofen auf 180 Grad vorheizen.

Die beiden Buttersorten und das Guinness in einen Topf geben. Das Kakaopulver dazusieben und die Mischung unter Rühren bei niedriger Temperatur erhitzen, bis die Butter geschmolzen ist. 5–10 Minuten abkühlen lassen.
Die Eier mit der Crème fraîche und dem Vanilleextrakt mit einem Schneebesen oder Holzlöffel verrühren. Mehl und Backpulver dazusieben, dann den Zucker hinzufügen und alles gut verrühren. Den Teig in eine gefettete und bemehlte runde Form von 20 cm Durchmesser füllen und 60–75 Minuten backen; der Kuchen ist gar, wenn an einem in die Mitte hineingestochenen Messer keine Teigspuren haften bleiben. Den Kuchen 15 Minuten in der Form abkühlen lassen, dann aus der Form lösen und auf einem Kuchengitter vollständig erkalten lassen.
Den Kuchen in Frischhaltefolie verpackt mindestens über Nacht ruhen lassen. Nach Belieben mit Rahm, der mit etwas Mascarpone aufgeschlagen wurde, dekorieren.

»DEN HAB ICH SELBST GEMACHT«-KUCHEN MIT BROMBEEREN UND BLAUBEEREN

FÜR 12 PERSONEN
ZUBEREITUNGSZEIT: 30 MINUTEN
BACKZEIT: 35 MINUTEN

FÜR DEN BISKUITTEIG
225 g sehr weiche Butter
225 g Zucker
4 Eier
225 g Mehl
3 EL Kakaopulver, verrührt mit
3 EL heißem Wasser
2 TL Backpulver

FÜR DIE GANACHE
300 ml Rahm
300 g Zartbitterschokolade

**FÜR SCHOKOLADENMANTEL
UND VERZIERUNG**
200 g Zartbitterschokolade
350 g gemischte Brombeeren
und Blaubeeren

Den Ofen auf 180 Grad vorheizen. Zwei runde Formen von
20 cm Durchmesser fetten und mit Mehl bestäuben.

Alle Teigzutaten zu einem glatten Rührteig verarbeiten, in die Formen
füllen und 25 Minuten backen. Die Oberseite des Kuchens muss
noch weich sein und auf Fingerdruck nachgeben. Aus dem Ofen
nehmen, einige Minuten auskühlen lassen, aus der Form lösen und
auf einem Kuchengitter auskühlen lassen.

Für die Ganache den Rahm zum Kochen bringen, über die zerkleinerte Schokolade gießen und diese unter Rühren schmelzen.
Die Schokoladenmasse unter Rühren mit dem Handmixer erkalten
lassen.

Die beiden Biskuitböden jeweils in der Mitte horizontal durchschneiden,
sodass vier Biskuitscheiben entstehen. Die erste Scheibe mit Ganache
bestreichen, die zweite Teigscheibe daraufsetzen und dasselbe
noch zwei Mal wiederholen; mit der restlichen Schokoladenmasse
die Oberfläche des Kuchens bestreichen. Kalt stellen.

Den Kuchen in einem trockenen, kühlen Raum bei höchstens 18 bis
19 Grad fertigstellen.
Höhe und Umfang des Kuchens abmessen und aus Backpapier einen
Streifen schneiden, dessen Breite der Höhe des Kuchens entspricht
und der etwas länger als der Umfang des Kuchens ist. Ein weiteres
Blatt Backpapier auf einer kühlen, glatten Oberfläche ausbreiten;
den zuvor zugeschnittenen Streifen darauflegen.
Die Schokolade in der Mikrowelle oder im Wasserbad schmelzen, auf
den zugeschnittenen Streifen geben und mit einem Glasurmesser
glatt streichen. Die Schokolade abkühlen lassen, sodass sie fest,
aber noch formbar ist. Zu einer Rundung biegen, die der des Kuchens
entspricht. Möglichst mit Hilfe einer weiteren Person den Schokoladen-
streifen mit dem Papier um den Kuchen legen und das Ende leicht
andrücken.
Den Kuchen mit den Beeren dekorieren und kühl stellen. 20 Minuten
vor dem Servieren herausnehmen und den Papierstreifen entfernen.

SCHOKOLADEN-BUTTERCREME-TORTE

FÜR 8-10 PERSONEN
ZUBEREITUNGSZEIT: 25 MINUTEN
BACKZEIT: 25 MINUTEN
KÜHLZEIT: 30 MINUTEN

FÜR DEN BISKUITTEIG

225 g sehr weiche Butter

225 g Zucker

4 Eier

225 g Mehl

4 EL Kakaopulver, vermischt mit

4 EL heißem Wasser

2 TL Backpulver

FÜR DIE BUTTERCREME

750 g Puderzucker

3 EL Kakaopulver

300 g weiche Butter

Den Ofen auf 180 Grad vorheizen.

Alle Teigzutaten mit dem Handmixer zu einem glatten Rührteig verarbeiten, in eine gefettete, bemehlte Springformen von 20 cm Durchmesser füllen und 25 Minuten backen. Die Oberseite des Kuchens muss noch weich sein und auf Fingerdruck nachgeben. Aus dem Ofen nehmen, einige Minuten auskühlen lassen, dann aus der Form lösen und auf einem Kuchengitter abkühlen lassen.

Den Biskuitboden horizontal halbieren.

Für die Buttercreme Puderzucker, Kakao und Butter mit dem Handmixer schaumig schlagen. Mit einem Glasurmesser einen Teil der Buttercreme auf dem ersten Teigboden verstreichen und den zweiten Boden daraufsetzen. Mit der restlichen Creme bedecken. Die Torte vor dem Servieren kalt stellen, damit die Creme etwas fester wird.

SCHWARZWÄLDER-KIRSCH-TRIFLE

FÜR 12 PERSONEN
ZUBEREITUNGSZEIT: 30 MINUTEN
BACKZEIT: 20 MINUTEN
ABKÜHLZEIT: 2 STUNDEN

FÜR DEN BISKUITTEIG
12 Eier, getrennt
200 g Zucker
75 g Kakaopulver

1 großes oder 2 kleine Gläser
in Alkohol (Kirsch) eingelegte
Süßkirschen
500 ml Rahm
3 EL Zucker
200 g Mascarpone, nach Belieben
200 g Zartbitterschokolade
100 g Zartbitterschokolade,
geraspelt

Den Ofen auf 180 Grad vorheizen. Eine Springform von 24 cm Durchmesser mit Backpapier auslegen.

Für den Biskuitteig die Eigelbe und den Zucker dickcremig aufschlagen, nach und nach das Kakaopulver darunterheben. Die Eiweiße steif schlagen und in drei Portionen unter die Schokoladenmasse heben. Den Teig in die Formen füllen und etwa 20 Minuten backen. Die Oberfläche des Kuchens muss noch weich sein und auf Fingerdruck nachgeben. Aus dem Ofen nehmen, etwas abkühlen lassen, dann aus der Form lösen und vollständig erkalten lassen.

Die Kirschen abtropfen lassen, das Kirschwasser auffangen. Den Rahm mit Zucker und Mascarpone steif schlagen.

Den Biskuitkuchen horizontal halbieren. Einen Biskuitboden in eine passende Glasschale legen und mit Creme bestreichen. Die Hälfte des Kirschwassers und die Hälfte der Kirschen darauf verteilen. Die Schokolade in der Mikrowelle oder im Wasserbad schmelzen. Mit einem Löffel eine dünne, möglichst gleichmäßige Schicht der flüssigen Schokolade auf die Kirschen träufeln. Auf die erstarrte Schokoladenschicht wiederum Creme streichen, dann das Ganze wiederholen (einige Kirschen zum Garnieren aufbewahren). Die oberste Schicht mit Schokoladenraspeln bestreuen und mit den restlichen Kirschen dekorieren. Vor dem Servieren einige Stunden kühl stellen.

Tipp: In kleinen Dessertgläsern als Einzelportionen anrichten und die Schokoladensauce von Seite 62 zwischen die Biskuitschichten geben.

MILLE-FEUILLE VON WEISSER SCHOKOLADE

FÜR 4 PERSONEN
ZUBEREITUNGSZEIT: 30 MINUTEN

200 g weiße Schokolade

FÜR DIE FÜLLUNG
100 ml Rahm
100 g weiße Schokolade
400 g frische Himbeeren
2–3 EL Puderzucker

Die 200 g weiße Schokolade in der Mikrowelle oder im Wasserbad schmelzen und auf einer Silikonmatte oder auf Backpapier zu 12 gleichmäßigen Flächen ausstreichen. Erkalten lassen.

Für die Füllung den Rahm steif schlagen. Die weiße Schokolade schmelzen und vorsichtig darunterziehen.

Je ein Schokoladenblatt auf einen Dessertteller legen, mit dem Spritzbeutel etwas Mousse darauf verteilen, ein weiteres Schokoladenblatt darauflegen und leicht andrücken. Darauf die Himbeeren setzen und mit einem dritten Schokoladenblatt bedecken. Vor dem Servieren mit Puderzucker bestäuben.

KALTER HUND

FÜR 8 PERSONEN
ZUBEREITUNGSZEIT: 15 MINUTEN
ABKÜHLZEIT: 6 STUNDEN

18 Stück Butterkekse
40 g Baiserschalen (Meringues)
100 g Zartbitterschokolade
300 g Butter
2 Eier, leicht verklopft
150 g Zucker
50 g Kakao

Die Kekse und Baisers mit den Fingern nicht allzu fein, in etwa 1 cm große Stücke zerkrümeln.
Schokolade und Butter zusammen in der Mikrowelle oder im Wasserbad schmelzen. Abkühlen lassen und dann die zerkrümelten Kekse und Baisers, Eier, Zucker und Kakao dazugeben; alles gut verrühren.
Eine Kasten- oder Terrinenform mit Frischhaltefolie auskleiden.
Die Schokoladenmasse einfüllen und mindestens 6 Stunden, besser über Nacht durchkühlen lassen.
In Scheiben aufschneiden und mit Schlagrahm servieren.

SCHOKOLADENSORBET

FÜR 6-8 PERSONEN
ZUBEREITUNGSZEIT: 10 MINUTEN
GARZEIT: 20 MINUTEN
RÜHRZEIT IN DER EISMASCHINE:
20 MINUTEN

FÜR DAS SORBET
750 ml Mineralwasser
250 g Puderzucker
150 g Kakaopulver
½ Glas Vecchia Romagna
(italienischer Brandy) oder Cognac,
Armagnac oder brauner Rum

FÜR DAS KARAMELL
2 EL heller Sesam
3 kandierte Orangenstäbchen, fein
gewürfelt
1 EL kandierter Ingwer, fein
gewürfelt
100 g Zucker

Für das Sorbet das Wasser mit dem Puderzucker 5 Minuten aufkochen.
Den Kakao hinzufügen und unter Rühren bei niedriger Temperatur
15 Minuten köcheln lassen. Vom Herd nehmen und abkühlen lassen.
Dann den Alkohol einrühren und in der Eismaschine gefrieren lassen.

Für die Dekoration den Sesam in einer kleinen Pfanne oder im Ofen
bei 180 Grad 1–2 Minuten rösten. Dann mit dem fein gewürfelten
kandierten Obst vermischen und die Mischung in kleinen Häufchen
auf eine Marmorplatte oder eine Silikonmatte setzen.
Den Zucker in einem Topf mit dickem Boden ganz langsam erhitzen,
schmelzen und karamellisieren lassen. Das Karamell über die
Sesamhäufchen träufeln und zu schönen, unregelmäßigen Formen
zerlaufen lassen. Fest werden lassen.

Vor dem Servieren das Sorbet in Dessertschalen oder -gläser verteilen
und mit dem Karamell verzieren.

ZARTBITTEREIS MIT HONIG UND NÜSSEN

FÜR 6 PERSONEN
ZUBEREITUNGSZEIT: 30 MINUTEN
RÜHRZEIT IN DER EISMASCHINE:
20 MINUTEN

80 g Haselnüsse
180 g Zucker
250 g Zartbitterschokolade sehr
guter Qualität
500 ml Rahm
1 EL Schokolikör oder Rum
1 EL flüssiger Honig

Die Haselnüsse hacken und in einer Pfanne ohne Fett kurz rösten.
Abkühlen lassen und anschließend im Mixer zusammen mit
3–4 EL des Zuckers fein mahlen.
Die Schokolade zerkleinern und in eine Rührschüssel geben. Den Rahm
zum Kochen bringen, über die Schokolade gießen und diese etwa
2 Minuten schmelzen lassen, dann mit einem Holzlöffel gut durchrühren. Abkühlen lassen; dann die gemahlenen Nüsse, den restlichen
Zucker, Likör oder Rum und Honig einrühren.
Etwa 20 Minuten in der Eismaschine gefrieren lassen.

WEISSES SCHOKOLADENEIS MIT PISTAZIEN

FÜR 6 PERSONEN
ZUBEREITUNGSZEIT: 30 MINUTEN
RÜHRZEIT IN DER EISMASCHINE:
20 MINUTEN

100 g grüne Pistazien, geschält
500 ml Rahm
6 Eigelb
100 g Zucker
100 g weiße Schokolade, zerkleinert

Die Pistazien in der Küchenmaschine fein mahlen.
200 ml des Rahms zum Kochen bringen, über die Pistazienmasse
gießen und 15–20 Minuten durchziehen lassen.
Die Eigelbe und den Zucker zu einer dickcremigen Masse von
doppeltem Volumen aufschlagen. Die Pistazienmischung hinzufügen
und mit einem Schneebesen gut vermischen. Die Masse in einem
Topf bei sehr niedriger Temperatur unter ständigem Rühren erhitzen
und eindicken lassen. Den Topf vom Herd nehmen, die Creme
mit Frischhaltefolie abdecken (dazu die Folie direkt auf die Oberfläche legen, damit sich keine Haut bildet) und im Kühlschrank
vollständig erkalten lassen.
Den restlichen Rahm (300 ml) steif schlagen und unter die erkaltete
Pistaziencreme ziehen. Zuletzt die zerkleinerte Schokolade
darunterheben und die Masse in der Eismaschine gefrieren lassen.

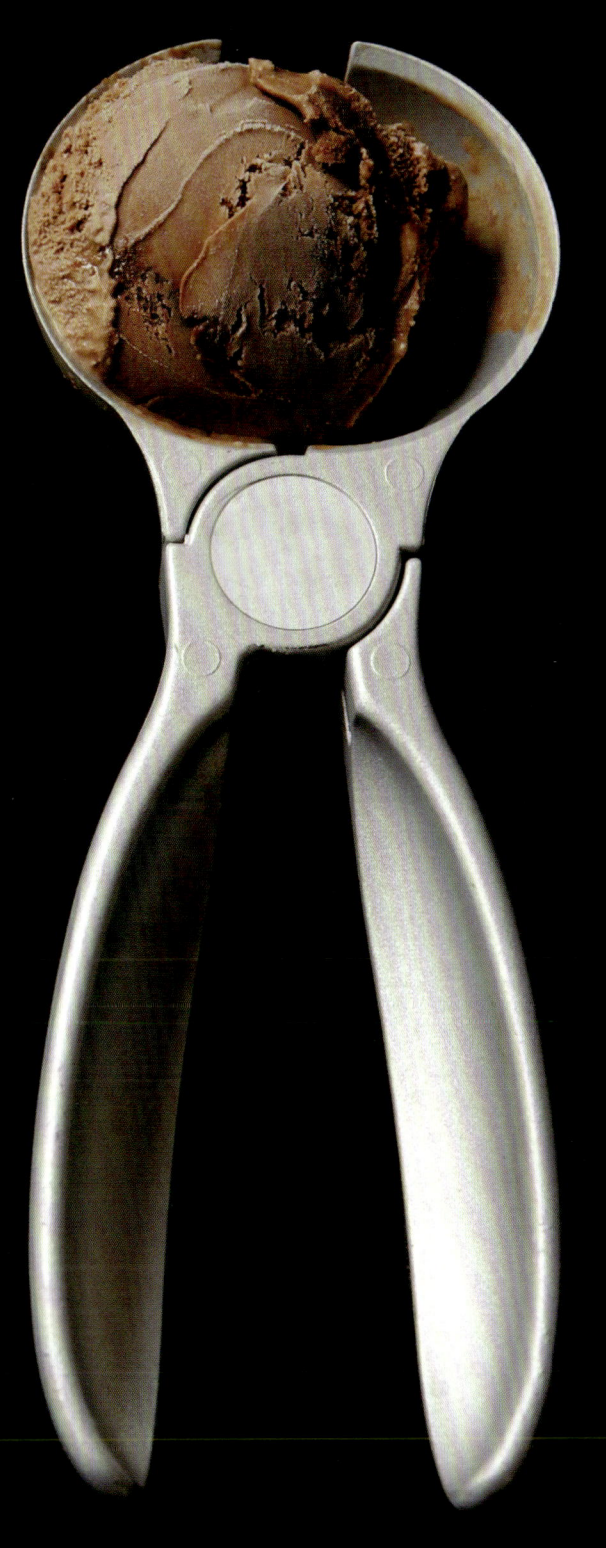

SCHOKO-
THERAPIE

SCHOKOLADEN-BROT-AUFLAUF

FÜR 8 PERSONEN
ZUBEREITUNGSZEIT: 15 MINUTEN
RUHEZEIT: MINDESTENS 12 STUNDEN
(ÜBER NACHT)
BACKZEIT: 30 MINUTEN

Etwa 10 Scheiben Krustenbrot oder
Weißbrot vom Vortag, entrindet
150 g Zartbitterschokolade
75 g Butter
500 ml Rahm
100 g Zucker
4 Eier, verklopft
etwas brauner Zucker

Das Brot in Dreiecke schneiden.
Die Schokolade und die Butter zusammen mit Rahm und Zucker in der Mikrowelle oder im Wasserbad schmelzen. Gut durchrühren, sodass sich der Zucker vollständig auflöst. Die Eier zu der Schokoladenmischung geben und alles zu einer homogenen Masse verrühren.
Das Brot ziegelartig in eine gefettete Auflaufform schichten; mit der Schokoladencreme übergießen und dabei das Brot immer wieder mit einem Löffel hinunterdrücken, damit alles mit Schokolade bedeckt ist. Das Ganze möglichst über Nacht durchziehen lassen.
Den Auflauf bei 180 Grad etwa 30 Minuten backen. Etwas abkühlen lassen, mit braunem Zucker bestreuen und mit Crème fraîche servieren.

Tipp: Das Brot können Sie auch durch Hefezopf oder Panettone ersetzen; so wird dieser süße Auflauf noch etwas raffinierter.

MONTBLANC ZUM SELBERMACHEN

FÜR 6 PERSONEN

Etwa 10 kleine Baiserschalen
(Meringues)
6 Tuben kandierte Maronencreme
(siehe Tipp)
200 ml Crème fraîche

Dieses Dessert ist im Winter und vor allem in der Weihnachtszeit eines meiner liebsten. Es ist festlich und lässt sich auch für viele Gäste schnell zubereiten. Außerdem kann jeder selbst entscheiden, wie viel er davon möchte – das ist an Feiertagen, wenn ohnehin viel zu viel aufgetischt wird, ein großer Vorteil.

Servieren Sie alle Zutaten separat in Schalen – so kann sich jeder die gewünschte Menge nehmen.

Tipp: Kandierte Maronencreme gibt es im Gourmet-Versandhandel, zum Beispiel bei www.gourmetwelt.de.

MILCHREIS MIT SCHOKOLADE

FÜR 6 PERSONEN

1 l Milch
100 g Zucker
1 Vanilleschote
500 g Rundkornreis
150 g Schokolade, in etwa 1 cm
große Stücke zerkleinert oder in
Pastillenform

Dies ist weniger ein »Rezept« als ganz einfach eine kleine Köstlichkeit, die jede und jeden von uns in Entzücken versetzt und uns an einem schlechten Tag über den einen oder anderen kleinen Durchhänger hinwegtröstet. Es funktioniert auch mit Porridge.

Die Milch zusammen mit dem Zucker zum Kochen bringen, die längs aufgeschlitzte und ausgekratzte Vanilleschote und den Reis hinzufügen und unter ständigem Rühren etwa 20 Minuten leise köcheln lassen. Am Ende muss die Milch vollständig aufgesogen und der Reis schön weich sein. Ist die Masse zu zäh, noch etwas Milch hinzufügen. Den Milchreis in Schälchen verteilen, mit einem Kaffeelöffel kleine Mulden formen und in diese die Schokoladenstückchen geben; die Schokolade schmilzt von selbst im heißen Reis. Nur etwas gibt es zu entscheiden: Umrühren oder nicht?

Tipps: Sie können die Schokolade (nach Wahl Zartbitter oder Vollmilch) auch gleich einrühren; dann einen Klecks Mascarpone oder Crème fraîche auf den Reis geben und alles mit ½ TL braunem Zucker bestreuen: Einfach köstlich!

HEISSE SCHOKOLADE

FÜR 2 PERSONEN
ZUBEREITUNGSZEIT: 2 MINUTEN

75 g Zartbitterschokolade,
zerkleinert
2 TL Zucker
1 Vanilleschote, längs aufgeschlitzt
250 ml Milch
150 ml Rahm
Schokoladenraspel oder
Kakaopulver zum Bestreuen

Heiße Schokolade zum Frühstück – das ist mir so heilig wie anderen der Tee oder der Kaffee. So hat jeder sein kleines Ritual. Und dasselbe gilt auch, wenn um 11 Uhr vormittags Freundinnen auf einen Schwatz vorbeikommen oder die Kinder am Nachmittag ihre Freunde mitbringen.

Alle Zutaten in einen Topf geben, unter Rühren langsam erhitzen, bis die Schokolade geschmolzen und die Mischung heiß und cremig ist.
In Tassen verteilen und mit Kakaopulver bestäuben bzw. mit Schokoladenraspeln bestreuen.

Tipp: Sie können die heiße Köstlichkeit auch mit einem Klecks Schlagrahm krönen.

HEISSE SCHOKOLADE NACH AZTEKENART GEWÜRZT NACH EINEM REZEPT VON PAUL A. YOUNG

FÜR 2 PERSONEN
ZUBEREITUNGSZEIT: 5 MINUTEN

500 ml Wasser
50 g Kakaopulver
30 g dunkler Rübenzucker
mit Karamellaroma (Vergeoise,
siehe Tipp)
120 g Zartbitterschokolade
Gewürze nach Geschmack,
z.B. Ingwer, Zimt, Kardamom,
Muskatnuss
Schlagrahm, nach Belieben

Das Wasser mit Kakaopulver und Zucker erhitzen und 3 Minuten köcheln lassen. Die Schokolade zerkleinern und hinzufügen. Die Gewürze dazugeben und die Mischung mit dem Handmixer aufschlagen. Nochmals aufkochen lassen und nach Belieben mit einem Häubchen Schlagrahm servieren.

Tipp: Die in Frankreich als *Vergeoise* bekannte dunkle, feuchte und karamellartig schmeckende Zuckerspezialität ist auch im Internet-Versandhandel, etwa bei www.gourmet-versand.com erhältlich.

HEISSE WEISSE SCHOKOLADE MIT POPCORN

FÜR 2 PERSONEN
ZUBEREITUNGSZEIT: 5 MINUTEN

300 ml Milch
1 Vanilleschote, längs aufgeschlitzt
175 g weiße Schokolade
gezuckertes Popcorn und
Karamellsirup oder -sauce
als Garnitur

Die Milch mit der Vanilleschote und dem ausgekratzten Mark zum Kochen bringen, über die zerkleinerte Schokolade gießen, kurz ziehen lassen und dann mit einem Schneebesen verrühren. Mit wenig Popcorn bestreuen und mit Karamellsauce beträufelt servieren.

MOCCA AU CHOCOLAT

FÜR 2 PERSONEN
ZUBEREITUNGSZEIT: 5 MINUTEN

80 g Zartbitterschokolade
200 ml Espresso
2 Kugeln Kaffee- oder Mokkasorbet

Die Schokolade in der Mikrowelle oder im Wasserbad schmelzen. Den Espresso frisch zubereiten, 3/4 der Schokoladenmasse dazugeben und mit einem Schneebesen gut verrühren. Den Schoko-Mokka in zwei Tassen verteilen und jeweils 1 Kugel Sorbet daraufsetzen. Mit der restlichen flüssigen Schokolade verzieren und sofort servieren.

SCHOKO-MÜSLI

FÜR 3 GROSSE PORTIONEN
ZUBEREITUNGSZEIT: 5 MINUTEN
BACKZEIT: 5 MINUTEN

125 g Zartbitterschokolade-Tropfen
40 g Haferflocken
1 EL Pistazien
1 EL geschälte Mandeln
1 EL Pekannüsse (oder Haselnüsse,
Mandeln, Macadamianüsse)
1 EL Kokosraspeln
1 EL Pinienkerne
1 EL flüssiger Honig

Ideal geeignet zur Bekämpfung von Lustlosigkeit, Sentimen-
talitäten und Durchhängern. Perfekt, um sich damit vor dem
Fernseher hinzulegen und das Gehirn mal kurz abzuschalten.
Bereiten Sie gleich eine große Menge dieses köstlichen
Müslis zu, und Sie sind nie wieder auf die Supermarkt-Variante
angewiesen. Ganz nach Ihrem persönlichen Geschmack
können Sie die Körner und Kerne variieren, das weglassen,
was Ihnen nicht mundet, und mehr von dem nehmen,
was Sie mögen.

Den Ofen auf 180 Grad vorheizen.
Alle Zutaten vermischen, auf ein Backblech geben und unter dem
Backofengrill 5–7 Minuten bräunen lassen. Nach der Hälfte der Backzeit
das Backblech kräftig rütteln, damit die Körner und Kerne nicht
allzu sehr zusammenkleben. Herausnehmen und abkühlen lassen.
Mit Milch oder mit Joghurt und frischem Obst servieren.

MARS-SANDWICH

FÜR 2 PERSONEN (ODER – BEI GROSSEM
KUMMER – FÜR 1 PERSON)
ZUBEREITUNGSZEIT: 2 MINUTEN
BACKZEIT: 2 MINUTEN

4 Scheiben Brioche oder Hefezopf
Butter zum Bestreichen
1 Schokoriegel oder ein Glas
Schokoladen-Nuss-Creme
(ja, die vom Frühstückstisch)

Die Brioche- oder Zopfscheiben buttern und 2 davon mit der
Butterseite nach oben in den Sandwich-Maker legen.
Den Schokoriegel in Scheiben schneiden und auf die gebutterten
Scheiben legen bzw. die ungebutterten Scheiben mit Schokoladen-
Nuss-Creme bestreichen. Zu Sandwiches zusammenklappen und
erhitzen, bis Ihnen ein köstlicher Duft in die Nase zieht.

BANANEN-SCHOKOLADEN-KONFITÜRE

FÜR 2 MITTELGROSSE GLÄSER
ZUBEREITUNGSZEIT: 40 MINUTEN

400 g reife, aber noch nicht
braune Bananen, geschält,
in Scheiben geschnitten
1 Zitrone, Saft
200 ml Wasser
350 g Zucker
300 g dunkle Schokolade mit
70% Kakaoanteil

Alle Zutaten außer der Schokolade in einem Topf unter ständigem
Rühren erhitzen und 25 Minuten bei niedriger Temperatur köcheln
lassen. Dann den Topf vom Herd nehmen, die zerkleinerte Schokolade
dazugeben und rühren, bis sie geschmolzen und eine glatte,
glänzende Masse entstanden ist.
Die Konfitüre in zwei mittelgroße, saubere und trockene Gläser
füllen. Die Gläser verschließen und auf den Kopf gestellt lagern.

ESTERELLES SCHOKO-AUFSTRICH

FÜR ETWA 200 G
ZUBEREITUNGSZEIT: 10 MINUTEN
ABKÜHLZEIT: 2 STUNDEN

100 ml Rahm
80 g Puderzucker
150 g Zartbitterschokolade
3 EL Honig

Den Rahm mit dem Puderzucker in einem Topf zum Kochen bringen; dann in drei Portionen über die zerkleinerte Schokolade gießen und nach jeder Portion gut rühren. Zuletzt die Masse wie eine Mayonnaise kräftig aufschlagen. Den Honig hinzufügen und nochmals gut durchrühren.
Den Aufstrich in ein Glas füllen und abkühlen lassen. Er hält sich im Kühlschrank 1 Woche.

SCHOKOLADENNUDELN MIT KARAMELLSAUCE

FÜR 4 PERSONEN
ZUBEREITUNGSZEIT: 15 MINUTEN

100 g Zucker
50 g Butter
2 TL Mascarpone
4 gute Handvoll Schokoladennudeln (siehe Tipp)
100 g Zartbitterschokolade, geraspelt

Dafür würde ich sterben, dafür würde ich morden ... in jedem Fall ein tödliches Vergnügen.

Den Zucker mit 2 EL Wasser in einem Topf mit dickem Boden ganz langsam erhitzen, schmelzen und karamellisieren lassen.
Sobald das Karamell schön gebräunt ist, den Topf vom Herd nehmen, Butter und Mascarpone einrühren.
Die Schokoladennudeln in reichlich Wasser eher weich als bissfest kochen.
Mit der Sauce und der geraspelten Schokolade zum Bestreuen servieren.

Tipp: Schokoladennudeln sind im Gourmet-Versandhandel erhältlich, zum Beispiel bei www.pastastore.de.

SCHOKOLADEN-FONDUE

FÜR 4 PERSONEN
ZUBEREITUNGSZEIT: 25 MINUTEN
GARZEIT: 5 MINUTEN

150 ml Rahm
200 g Zartbitterschokolade mit mindestens 60% Kakaoanteil
Auswahl an frischen und getrockneten Früchten
Auswahl an trockenen Keksen

Den Rahm zum Kochen bringen und über die fein zerkleinerte oder geraspelte Schokolade gießen. Mit einem Schneebesen verrühren und in einen Schokoladen-Fonduetopf füllen oder in ein Wasserbad stellen, um die Schokolade während des Essens auf der geeigneten Temperatur zu halten.
Die Früchte und Kekse in die Schokolade tauchen und genießen.

OREO-ERDNUSSBUTTER-KUCHEN

FÜR 10–12 PERSONEN
ZUBEREITUNGSZEIT: 40 MINUTEN
ABKÜHLZEIT: ETWA 1 STUNDE

Etwa 20 Oreo-Kekse (siehe Tipp)
75 g Butter, geschmolzen
400 g grobstückige Erdnussbutter
175 g Puderzucker

FÜR DIE SCHOKOLADENGLASUR
200 g Zartbitterschokolade
100 g Butter
4 EL Wasser

Dieses Rezept mag vielen ziemlich dekadent erscheinen –
seltsamerweise ist es aber auch das fotogenste des ganzen
Buches. Sehr, sehr gehaltvoll und ohne Backen, hat diese
süße Verführung das Zeug zur Lieblingstorte.

Die Kekse zerbröseln und die Krümel mit der flüssigen Butter vermischen. Eine Kuchenform von 22–24 cm Durchmesser (am besten
mit herausnehmbarem Boden) mit der Krümelmasse auskleiden
und diese festdrücken; im Kühlschrank fest werden lassen.
Die Erdnussbutter mit dem Puderzucker cremig aufschlagen
und den Krümelboden damit dünn bestreichen.

Für die Glasur alle Zutaten in der Mikrowelle oder im Wasserbad langsam schmelzen; gut verrühren, damit eine glatte Masse entsteht.
Die Glasur auf der Erdnussbutterschicht verteilen und glatt streichen.
An einem kalten Ort, aber möglichst nicht im Kühlschrank fest
werden lassen.

Tipp: Oreo-Kekse haben in den USA Kultstatus und werden dort
in vielen Rezepten verwendet. Bei uns sind sie in gut sortierten
Supermärkten oder im Internet-Versandhandel erhältlich (z.B. bei
www.kaffeeshop24.de).

KUCHEN DES DRITTEN MONATS IM JAHR

FÜR 8 PERSONEN
ZUBEREITUNGSZEIT: 15 MINUTEN
BACKZEIT: 40 MINUTEN
ABKÜHLZEIT: 2 STUNDEN

FÜR DEN BISKUITTEIG
115 g weiche Butter
280 g Zucker
3 Eigelb (Eiweiße für die Meringue
verwendet)
50 g Kakaopulver, vermischt
mit 225 ml heißem Wasser
180 g Mehl
1 TL Backpulver

FÜR DIE MERINGUE
3 Eiweiß
120 g Zucker

FÜR DIE DEKORATION
200 ml Rahm
1 EL Mascarpone, nach Belieben
3–4 Mini-Karamell-Riegel,
dünn aufgeschnitten

Den Ofen auf 160 Grad vorheizen. 2 Springformen von 20 cm Durch-
messer fetten und mehlen. Um ganz sicher zu sein, dass der
Kuchen sich löst, den Boden der Formen zuvor mit einem Stück
Backpapier auslegen.

Für den Biskuitteig Butter und Zucker mit dem Handmixer etwa
3 Minuten schaumig schlagen. Nach und nach unter Rühren
die Eigelbe dazugeben, anschließend die Kakaomischung sowie
das gesiebte Mehl und das Backpulver. Behutsam verrühren.
Den Teig in die Formen füllen und glatt streichen.

Für die Meringue die Eiweiße mit der Hälfte des Zuckers zu steifem
Schnee schlagen; anschließend unter Rühren den restlichen Zucker
einrieseln lassen. Den Eischnee auf dem Schokoladenteig in den
Formen verteilen; dabei rundum einen 2 cm breiten Rand frei lassen,
damit die Meringue beim Backen aufgehen kann. Die Kuchen im
vorgeheizten Ofen 35–40 Minuten backen. Herausnehmen, in den
Formen abkühlen lassen und anschließend sehr vorsichtig, um
die Meringue nicht zu beschädigen, aus den Formen lösen.

Für die Dekoration den Rahm nach Belieben mit Mascarpone steif
schlagen. Die zerkleinerten Karamell-Riegel darunterheben
und die Masse auf der Meringueschicht verteilen. Beide Kuchen
aufeinandersetzen.

CHEESE CAKE OHNE BACKEN

FÜR 8 PERSONEN
ZUBEREITUNGSZEIT: 25 MINUTEN
ABKÜHLZEIT: 1 STUNDE

FÜR DEN TEIGBODEN
400 g trockene Vollkornkekse
150 g leicht gesalzene Butter,
geschmolzen

FÜR DIE FÜLLUNG
350 g Ricotta
350 g Mascarpone
3 EL Schokoladen- oder Kaffeelikör
1 TL Vanilleextrakt
4 EL Puderzucker
150 g Zartbitterschokolade,
zerkleinert

150 g Zartbitterschokolade,
zerkleinert, als Garnitur

Der Zusatz »ohne Backen« übt einen unwiderstehlichen Reiz aus.

Die Kekse zerbröseln, mit der flüssigen Butter vermischen und die Krümelmasse in eine Kuchenform (am besten mit herausnehmbarem Boden) drücken.

Für die Füllung in einer Schüssel Ricotta und Mascarpone mit einem Holzlöffel verrühren; anschließend alle weiteren Zutaten außer der Schokolade hinzufügen und gut mischen. Zum Schluss die zerkleinerte Schokolade darunterheben.
Die Ricottamischung auf dem Krümelboden verteilen und den Kuchen 1 Stunde kühl stellen.

Vor dem Servieren mit der restlichen gehackten Schokolade bestreuen.

MANDEL-SCHOKOLADEN-KUCHEN

FÜR 8 PERSONEN
ZUBEREITUNGSZEIT: 20 MINUTEN
BACKZEIT: ETWA 1 STUNDE

200 g Zartbitterschokolade
100 g sehr weiche Butter
200 g Zucker
4 Eier, getrennt
75 g Mehl
100 g gemahlene Mandeln
1 ½ TL Backpulver

Der reichhaltige, saftige Biskuitteig benötigt weder Füllung noch Glasur. Spielen Sie mit Aromen und Gewürzen, die mit den Mandeln harmonieren: Ingwer, Vanille, Kardamom … Und für Schocoholics darf's natürlich, wie abgebildet, zusätzlich auch noch eine Schokoladenglasur sein.

Den Ofen auf 180 Grad vorheizen.

Die Schokolade zusammen mit der Butter in der Mikrowelle oder im Wasserbad schmelzen. Gut verrühren, den Zucker hinzufügen, nochmals ausgiebig rühren und erkalten lassen. Die Eigelbe und anschließend Mehl, Mandeln und Backpulver einrühren.
Die Eiweiße mit dem Handmixer steif schlagen und den Eischnee in zwei Portionen unter die Schokoladenmasse heben.
Den Teig in eine Kuchenform von 20 cm Durchmesser füllen und im vorgeheizten Ofen etwa 1 Stunde backen; der Kuchen muss auf Fingerdruck elastisch nachgeben. Aus dem Ofen nehmen, aus der Form lösen und auf einem Kuchengitter abkühlen lassen. Dann in Frischhaltefolie verpacken und vor dem Servieren 1 Nacht ruhen lassen.

Tipp: Wenn gewünscht, können Sie den Kuchen zusätzlich mit Buttercreme füllen (siehe Seite 22) und/oder glasieren (siehe Seite 20).

BROWNIE MIT SCHOKOLADENMOUSSE-KRÖNUNG

FÜR 8 PERSONEN
ZUBEREITUNGSZEIT: 30 MINUTEN
BACKZEIT: 30 MINUTEN
ABKÜHLZEIT: 3 STUNDEN

FÜR DIE SCHOKOLADENMOUSSE
150 ml Rahm
200 g weiße Schokolade

FÜR DIE BROWNIES
90 g Butter
120 g Zartbitterschokolade
2 Eier, verklopft
225 g Zucker
90 g Mehl
50 g Hasel- oder Macadamianüsse,
geröstet und gehackt, oder
Pekannüsse, gehackt

FÜR DIE SCHOKOLADENSAUCE
100 ml Milch
200 ml Rahm
150 g Vollmilchschokolade

Für die weiße Schokoladenmousse den Rahm erhitzen, über die zerkleinerte Schokolade gießen und gut rühren, bis die Schokolade geschmolzen ist. 1 Stunde abkühlen lassen, dann die Masse mit dem Handmixer aufschlagen.

Für die Brownies den Ofen auf 180 Grad vorheizen und eine quadratische Form von 20 cm Kantenlänge oder eine rechteckige Auflaufform gleichen Inhalts fetten.
Butter und Schokolade in der Mikrowelle oder im Wasserbad schmelzen und abkühlen lassen. Zunächst die verklopften Eier, anschließend Zucker und Mehl dazugeben und schnell, aber behutsam einarbeiten. Zuletzt die Nüsse hinzufügen. Den Teig in die Form füllen und etwa 30 Minuten backen. Die Oberfläche sollte knusprig, das Innere aber noch weich sein. Vollständig erkalten lassen.

Auf dem vollständig abgekühlten Browniekuchen eine Schicht weiße Schokoladenmousse verteilen und mindestens 2–3 Stunden kalt stellen.

Für die Schokoladensauce Milch und Rahm in einem Topf zum Kochen bringen, über die zerkleinerte Schokolade gießen und glatt rühren. Heiß oder abgekühlt servieren.

Den Kuchen vor dem Servieren in viereckige Stücke schneiden und mit der Schokoladensauce übergießen. Nach Belieben mit zerkleinerten Schoko- oder Müsliriegeln dekorieren.

SCHOKO-NUSS-MANDEL-KUCHEN

FÜR 8 PERSONEN
ZUBEREITUNGSZEIT: 15 MINUTEN
BACKZEIT: 1 STUNDE

5 Eier
150 g weiche gesalzene Butter
250 g Zartbitterschokolade,
zerkleinert
225 g Zucker
250 g gemahlene Mandeln
75 g Haselnüsse, geschält, geröstet
und gehackt
150 g Mehl
1 Tütchen Backpulver

Der 16-Uhr-Killer …

Den Ofen auf 180 Grad vorheizen. Eine Kuchen- oder Springform
von 30 cm Durchmesser fetten und mehlen.

Die Eier trennen. Die Eigelbe mit der Butter schaumig schlagen,
bis die Masse das doppelte Volumen hat. Dann alle restlichen
Zutaten außer den Eiweißen dazugeben und zu einem glatten
Teig verarbeiten.
Die Eiweiße steif schlagen und unter den Teig heben.
Den Teig in die Form füllen und 50–60 Minuten backen; gegen Ende
der Backzeit gut überwachen, damit er nicht zu stark bräunt.
Den Kuchen in der Form auskühlen lassen, dann herauslösen.

Tipp: Wenn gewünscht, können Sie den Kuchen noch mit einer
Schokoladenglasur überziehen (siehe Seite 20).

SAFTIGER DATTEL-MANDEL-KUCHEN
MIT VOLLMILCHSCHOKOLADE

FÜR 8–10 PERSONEN
ZUBEREITUNGSZEIT: 15 MINUTEN
BACKZEIT: 50 MINUTEN

175 g Butter
250 g Vollmilchschokolade
3 Eier
125 g Rohzucker
3 Eigelb
175 g gemahlene Mandeln
100 g ganze Mandeln, geröstet und
grob gehackt
150 g Medjool-Datteln (ersatzweise
gewöhnliche Datteln 3 Minuten in
Zuckerwasser pochiert), entsteint
und grob gehackt

Ein köstlicher Kuchen, in dem sich süße Vollmilchschokolade
mit dem feinen Geschmack von Datteln und Mandeln
vereint. Sie können die Mandeln auch durch aromatischere
Haselnüsse ersetzen.

Den Ofen auf 170 Grad vorheizen. Eine Kuchenform von 25 cm Durchmesser mit Backpapier auslegen und fetten.

Die Butter und die Schokolade in der Mikrowelle oder im Wasserbad schmelzen.
Die ganzen Eier, den Zucker und die Eigelbe mit dem Handmixer
dickcremig aufschlagen. Die gemahlenen und die gehackten
Mandeln sowie die Datteln hinzufügen und alles gut verrühren.
Die Schokoladenmischung einrühren, den Teig in die Form füllen
und etwa 50 Minuten backen. In der Form erkalten lassen.
Nach Belieben mit Crème fraîche und gehobelter Vollmilchschokolade
servieren.

SCHOKOLADEN-COUSCOUS
MIT HIMBEER-KARAMELL

FÜR 6 PERSONEN
GARZEIT: 20 MINUTEN

FÜR DAS HIMBEER-KARAMELL
4 Würfel Zucker
250 g Himbeeren

75 g Couscous
175 g Zartbitterschokolade,
geraspelt
2 EL Zucker

Die Zuckerwürfel leicht mit Wasser benetzen und in einem
kleinen Pfännchen zu Karamell schmelzen und bräunen. Den Topf
vom Herd nehmen, drei Viertel der Himbeeren dazugeben.
Der von den heißen Himbeeren abgegebene Saft macht das Karamell
besonders köstlich. Sollten sich Zuckerkristalle bilden, den Topf
erneut auf die heiße Herdplatte stellen. Die Flüssigkeit durch
ein Sieb abgießen, dann die restlichen Himbeeren dazugeben; nicht
mehr rühren, damit die Beeren ganz bleiben. Beiseite stellen.

Den Couscous nach Packungsangabe sehr weich garen. Die Zartbitter-
schokolade dazugeben und rühren, sodass die Schokolade schmilzt.
Den Zucker einrühren. Den Couscous auf Teller verteilen, in der
Mitte eine Mulde bilden und das Himbeerkaramell hineingeben.

ROLO-BROWNIES

FÜR ETWA 10 STÜCK
ZUBEREITUNGSZEIT: 10 MINUTEN
BACKZEIT: 15 MINUTEN

75 g Butter
150 g Zartbitterschokolade
150 g Rohzucker
1 Ei, verklopft
70 ml Crème fraîche
50 g Mehl
50 g Pekan- oder Walnüsse,
geröstet und grob gehackt
3 Rollen Rolos (insgesamt
etwa 150 g)

Rolos, feine Schokoladen-Karamell-Bonbons, sind in
Großbritannien sehr angesagt.

Den Ofen auf 180 Grad vorheizen. Eine quadratische Kuchenform
von 22 cm Kantenlänge fetten und mehlen.

Die Butter und die Schokolade in einem kleinen Topf schmelzen.
Zucker, Ei und Rahm, anschließend Mehl und Nüsse hinzufügen
und alles gut verrühren.
Die Masse in die Form füllen. Dann die Rolos leicht in den Teig drücken;
die obere Hälfte sollte noch aus dem Teig herausschauen. 15 Minuten
backen, dann die Form aus dem Ofen nehmen und vor dem Servieren
noch einige Minuten abkühlen lassen.

MARS-TEMPURA

FÜR 4 PERSONEN
ZUBEREITUNGSZEIT: 15 MINUTEN
GARZEIT: 10 MINUTEN

1 Packung Tempura-Teigmischung
(siehe Tipp)
Pflanzenöl zum Frittieren
8–10 Mini-Mars-Riegel

In Schottland, der Wiege alles Frittierten, ist der »deep fried
Mars bar« Kult. Der leicht gesalzene Tempurateig ist perfekt
für dieses ultradekadente Rezept.

Den Tempurateig nach Packungsangabe anrühren.
Genügend Öl in einer Fritteuse oder in einem Topf erhitzen.
Die Mini-Mars-Riegel in den Ausbackteig tauchen und im heißen Öl
einige Minuten goldbraun frittieren. Herausheben, auf Küchenpapier
abtropfen lassen und sofort genießen.

Tipp: Fertige Tempura-Teigmischung ist in Asienläden und im Gourmet-
Versandhandel erhältlich (z.B. bei www.gourmet-versand.com).

MILLIONAIRE'S SHORTBREAD

ZUBEREITUNGSZEIT FÜR DAS
KARAMELL: 3 STUNDEN
RESTLICHE ZUBEREITUNGSZEIT:
10 MINUTEN
BACKZEIT: 25 MINUTEN

1 Dose gezuckerte Kondensmilch
225 g Mehl
75 g Zucker
125 g gesalzene Butter
175 g Zartbitterschokolade
50 g Butter

Ihren Namen verdankt diese Köstlichkeit ihrer gehaltvollen
Raffinesse: Mürber Sandteig verbindet sich hier aufs
Beste mit Karamell und Schokolade. Himmlisch über Karamell-
oder Vanilleeis gekrümelt oder einfach nur zum Kaffee.

Für die Karamellschicht die Kondensmilchdose in einen mit Wasser
gefüllten Topf stellen und 3 Stunden köcheln lassen; dann herausnehmen und vollständig auskühlen lassen.
Den Ofen auf 180 Grad vorheizen und eine rechteckige Form von
20 x 25 cm Größe fetten.
Mehl, Zucker und Butter mit der Küchenmaschine zu einem krümeligen
Teig verarbeiten. Dann den Teig mit den Händen kurz durchkneten
und in die gefettete Form drücken. Im vorgeheizten Ofen 25 Minuten
backen, bis sich der Teig goldbraun färbt. Herausnehmen, abkühlen
lassen und die karamellisierte Kondensmilch darauf verteilen.
Die Schokolade mit der Butter schmelzen, auf der Karamellschicht
verstreichen und erkalten lassen. In mundgerechte Quadrate
aufschneiden.

Tipp: Statt der karamellisierten Kondensmilch können Sie auch die
Karamellsauce von Seite 25 verwenden.

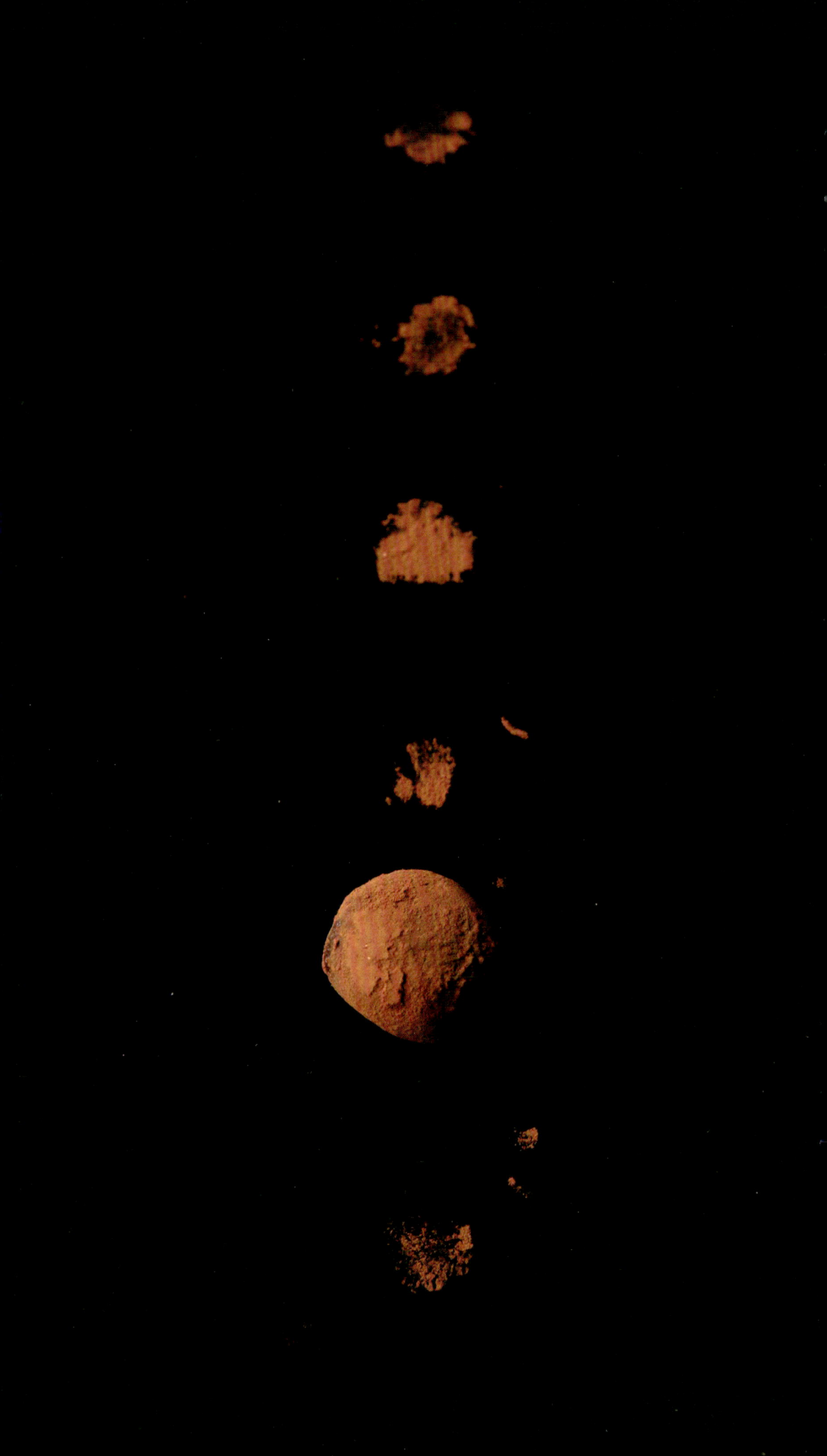

SCHOKOLADE ZUM KNABBERN

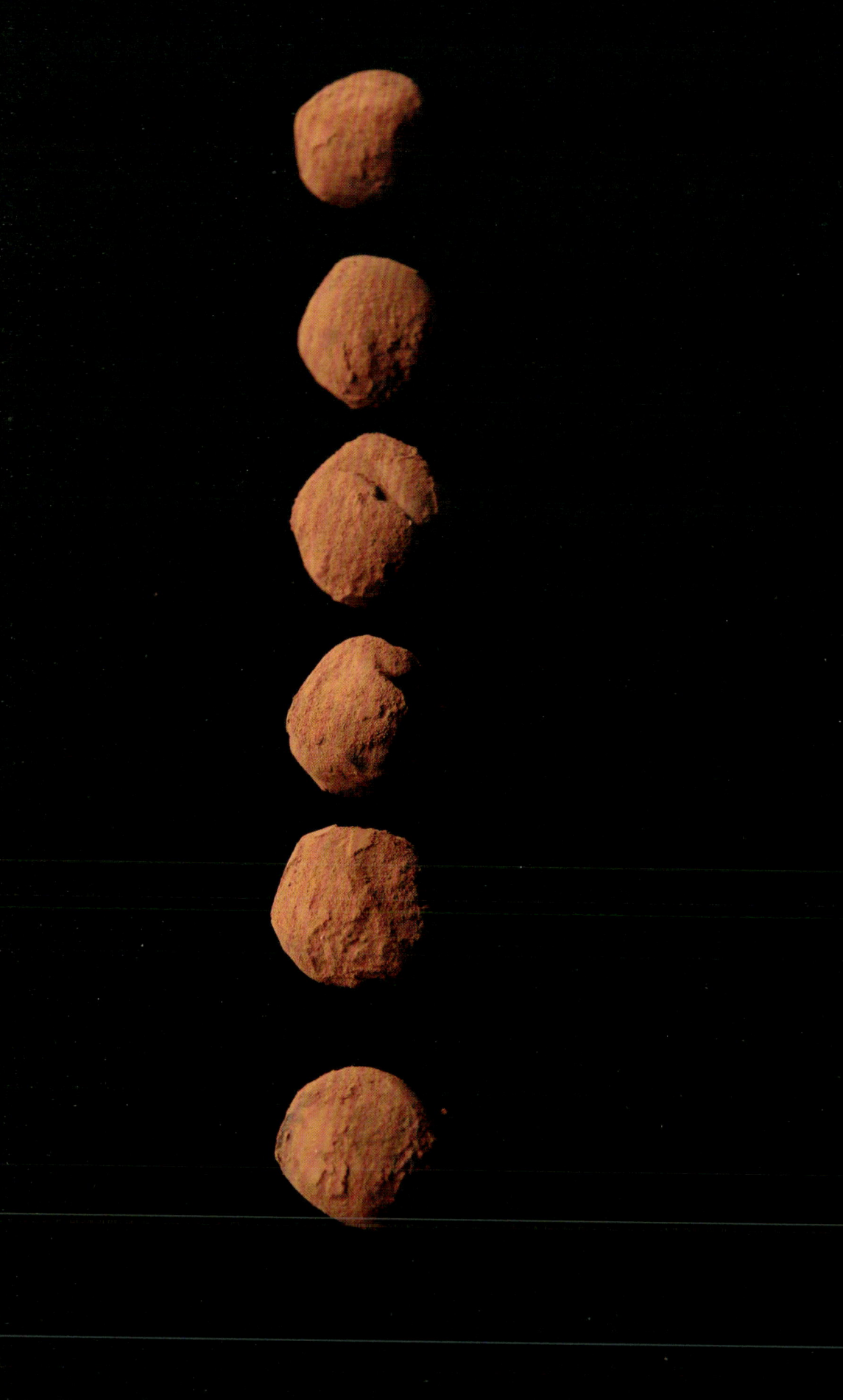

TRÜFFEL

FÜR 30-40 STÜCK
ZUBEREITUNGSZEIT: 10 MINUTEN
ABKÜHLZEIT: 2 STUNDEN

FÜR DIE GANACHE
250 ml Rahm
450 g Schokolade guter Qualität,
geraspelt oder fein zerkleinert

FÜR DIE DEKORATION
dunkle oder weiße Schokolade,
fein gerieben
Kakaopulver
Kakaobohnensplitter
Haselnüsse oder Mandeln,
geröstet und fein gemahlen

Für die Ganache den Rahm zum Kochen bringen, über die geraspelte oder fein gehackte Schokolade gießen und glatt rühren. Die Masse auf einem mit Backpapier ausgelegten Blech ausstreichen, abkühlen lassen, dann in kleine Quadrate schneiden und diese zwischen den Handflächen zu Kugeln rollen.

Die Schokoladenkugeln in Kakaopulver wälzen (wie gegenüber abgebildet), in flüssige dunkle oder weiße Schokolade tauchen oder in Kakaobohnensplittern, fein gemahlenen Nüssen oder Mandeln wälzen (wie auf den folgenden Seiten abgebildet).

TRÜFFEL-VARIATIONEN

FÜR INGWER-TRÜFFEL
120 g kandierter Ingwer,
fein gehackt
400 g Zartbitterschokolade

FÜR KIRSCH-TRÜFFEL
2 EL Kirschlikör oder Kirschwasser
50 g getrocknete Kirschen, fein
gehackt

Trüffel nach obigem Rezept herstellen.

Für die Ingwer-Variante den fein gehackten Ingwer unter die Ganache mischen und die Trüffel wie oben beschrieben fertigstellen. Die Zartbitterschokolade schmelzen, die Trüffel auf eine Pralinengabel stecken, in die Schokolade tauchen und auf Backpapier abtropfen und trocknen lassen.

Für die Kirsch-Variante den Kirschlikör und die fein gehackten getrockneten Kirschen unter die Ganache heben und die Trüffel wie oben beschrieben fertigstellen.

ERDNUSSBUTTER-TRÜFFEL

FÜR ETWA 25 STÜCK
ZUBEREITUNGSZEIT: 10 MINUTEN
ABKÜHLZEIT: 1 STUNDE

200 g Erdnussbutter
100 g Puderzucker
400 g Zartbitterschokolade
zum Überziehen

Die Erdnussbutter mit dem Puderzucker verrühren. Daraus Trüffel formen. Diese auf eine Pralinengabel stecken und in die flüssige Zartbitterschokolade tauchen. Auf einem Kuchengitter fest werden lassen und in einem luftdicht verschlossenen Behälter im Kühlschrank aufbewahren.

WEISSE TRÜFFEL MIT GRÜNEM TEE

FÜR ETWA 25 STÜCK
ZUBEREITUNGSZEIT: 10 MINUTEN
ABKÜHLZEIT: 2 STUNDEN

FÜR DIE GANACHE
75 ml Rahm
300 g weiße Schokolade,
fein zerkleinert

FÜR DIE DEKORATION
400 g weiße Schokolade
grünes Matcha-Tee-Pulver

Für die Ganache den Rahm erhitzen, über die zerkleinerte Schokolade gießen und glatt rühren. Dann abkühlen und im Kühlschrank einige Stunden fest werden lassen.
Aus der kalten Ganache zwischen den Handflächen Kugeln rollen.

Für die Dekoration die weiße Schokolade schmelzen. Die Trüffel auf eine Pralinengabel stecken, hineintauchen und auf einem Kuchengitter einige Minuten antrocknen lassen (wie auf der vorigen Seite abgebildet). Dann leicht hin- und herrollen lassen, um das unregelmäßige Finish zu erhalten. Zuletzt mithilfe eines kleinen Siebs mit dem Grünteepulver bestreuen und die Trüffel vollständig fest werden lassen.

TRÜFFEL-PFLAUMEN

FÜR 6 PERSONEN
ZUBEREITUNGSZEIT: 10 MINUTEN
ABKÜHLZEIT: 10 MINUTEN

150 ml Rahm
150 g Zartbitterschokolade,
zerkleinert
12 oder 18 Dörrpflaumen
ohne Stein

Die Kombination von Pflaumen mit Schokolade ist vorzüglich und unterstreicht das feine Lakritzaroma der Pflaumen. Diese Leckerei kann man guten Gewissens schon zum Frühstück genießen oder nach dem Essen zum Kaffee reichen, wenn das Dessert nicht sehr gehaltvoll war.

Den Rahm zum Kochen bringen, über die zerkleinerte Schokolade gießen und gut verrühren, sodass eine homogene Masse entsteht. Diese mit dem Handmixer so lange schlagen, bis sie erkaltet ist und eine cremige Konsistenz hat.
Die Pflaumen zur Hälfte aufklappen. Die Ganache mit einem Spritzbeutel in die Pflaumen füllen und diese, ohne großen Druck auszuüben, wieder leicht zuklappen.

Tipp: Nach Belieben die gefüllten Pflaumen in 300 g geschmolzene und falls gewünscht mit 1–2 EL Armagnac parfümierte Zartbitterschokolade tauchen.

ORANGENSTÄBCHEN

ERGIBT ETWA 30 STÜCK
ZUBEREITUNGSZEIT: 30 MINUTEN

125 g Zartbitterschokolade
100 g kandierte Orangenstäbchen

Die Schokolade in der Mikrowelle oder im Wasserbad schmelzen. Stäbchen für Stäbchen in die Schokolade tauchen, abtropfen lassen und auf Schokoladenfolie oder Backpapier erkalten lassen.

SCHOKOLADEN-TUILES

FÜR ETWA 20 STÜCK
ZUBEREITUNGSZEIT: 30 MINUTEN
ABKÜHLZEIT: 30–60 MINUTEN

200 g Schokolade (weiße, Zartbitter- oder Vollmilch-) nach Belieben 1 EL Haselnüsse oder Mandeln, geröstet und ganz fein gemahlen, alternativ auch gehackte Nüsse oder Mandeln oder Kakaobohnensplitter

Die Schokolade in der Mikrowelle oder im Wasserbad schmelzen, dann, falls verwendet, die Nüsse oder Mandeln darunterheben.
In Viererreihen etwa 20 Kleckse auf Schokoladenfolie setzen.
Wenn die Schokolade fest zu werden beginnt, die Folie um die Kleckse herum mit einer Schere ausschneiden und um einen dicken Holzstiel oder ein kleines Nudelholz rollen und warten, bis die Schokolade vollständig fest geworden ist. Dann vorsichtig abnehmen.

ROCHERS

FÜR ETWA 20 STÜCK
ZUBEREITUNGSZEIT: 40 MINUTEN

110 g Mandelstifte
2 EL Zuckersirup
1 EL Puderzucker
135 g Zartbitter- oder Vollmilchschokolade

Den Ofen auf 180 Grad vorheizen.
Die Mandelstifte mit dem Zuckersirup vermischen und auf einem beschichteten Backblech kleine Häufchen formen. Mit dem Puderzucker bestreuen und 2–3 Minuten unter dem Backofengrill karamellisieren. Abkühlen lassen.
Die Schokolade in der Mikrowelle oder im Wasserbad schmelzen, die Rochers eintauchen und auf einer Silikonmatte oder Backpapier erkalten lassen.

MENDIANTS *(Foto 1)*

FÜR ETWA 25 STÜCK
ZUBEREITUNGSZEIT: 30 MINUTEN

125 g Zartbitterschokolade
20 g Rosinen
15 g Pistazien
30 g gehäutete Mandeln
50 g kandierte Orangenstäbchen

Schokoladenfolie oder Backpapier auf einer glatten, kalten Unterlage auslegen.
Die Schokolade in der Mikrowelle oder im Wasserbad schmelzen.
Die flüssige Schokolade in teelöffelgroßen Portionen auf der Folie oder dem Papier verteilen und mit dem Löffelrücken etwas verstreichen.
Jeweils 1 Rosine, 1 Pistazie, 1 Mandel und ½ Orangenstäbchen daraufsetzen und die Schokolade vollständig erkalten lassen.

FRÜCHTE IM SCHOKOMANTEL *(Foto 2)*

FÜR ETWA 400 G
ZUBEREITUNGSZEIT: 5 MINUTEN
ABKÜHLZEIT: 30–60 MINUTEN

250 g Schokolade
200 g Trockenobst (Aprikosen, Pflaumen, Datteln, Feigen, Birnen usw.)

Die Schokolade in der Mikrowelle oder im Wasserbad schmelzen.
Die Früchte mit einer Pralinengabel oder 2 Speisegabeln einzeln in die flüssige Schokolade tauchen. Auf Schokoladenfolie oder Backpapier bei Raumtemperatur fest werden lassen.

3 | 4

PALETS *(Fotos 3 und 4)*

FÜR ETWA 400 G
ZUBEREITUNGSZEIT: 10 MINUTEN
ABKÜHLZEIT: 30-60 MINUTEN

250 g Schokolade
200 g Nüsse, Mandeln usw.,
fein gehackt

Die Schokolade in der Mikrowelle oder im Wasserbad schmelzen.
Die Nüsse oder Kerne unter Rühren in die Schokolade geben.
Mit einem Esslöffel kleine Häufchen der Mischung auf Schokoladenfolie
oder Backpapier setzen. Bei Raumtemperatur fest werden lassen.

1   2

GROSSE SCHOKOLADENFIGUREN

FÜR 1 GROSSE FIGUR
ZUBEREITUNGSZEIT: 20 MINUTEN
ABKÜHLZEIT: 1 STUNDE

**200 g Schokolade für eine
Hohlkörperfigur oder
400–500 g Schokolade für
eine massive Figur**

Die Schokolade temperieren (siehe Seite 16) oder schmelzen.

Für eine Hohlkörperfigur (vorangehende Doppelseite) die Schokolade
in die Form geben und diese durch Kippen und Schwenken damit
vollständig auskleiden. Die Form auf eine Schokoladenfolie setzen
und einige Minuten abkühlen lassen. Dann die Form stürzen und
die Figur vollständig erkalten lassen.

Für eine massive Figur (Fotos 1 und 2) beide Hälften der Form mit
Schokolade füllen. Überschüssige Schokolade mit einem Glasurmesser
abziehen. Vollständig erkalten lassen.
Die Figur aus der Form lösen, sobald sich die Ränder etwas zurückgezogen haben. Nötigenfalls die Form etwas biegen. Löst sich
die Figur mit einem kleinen Geräusch, können Sie die Form stürzen
und die Figur entnehmen. Ist kein Geräusch zu hören, die Form
20 Minuten in den Kühlschrank stellen und es dann erneut versuchen.

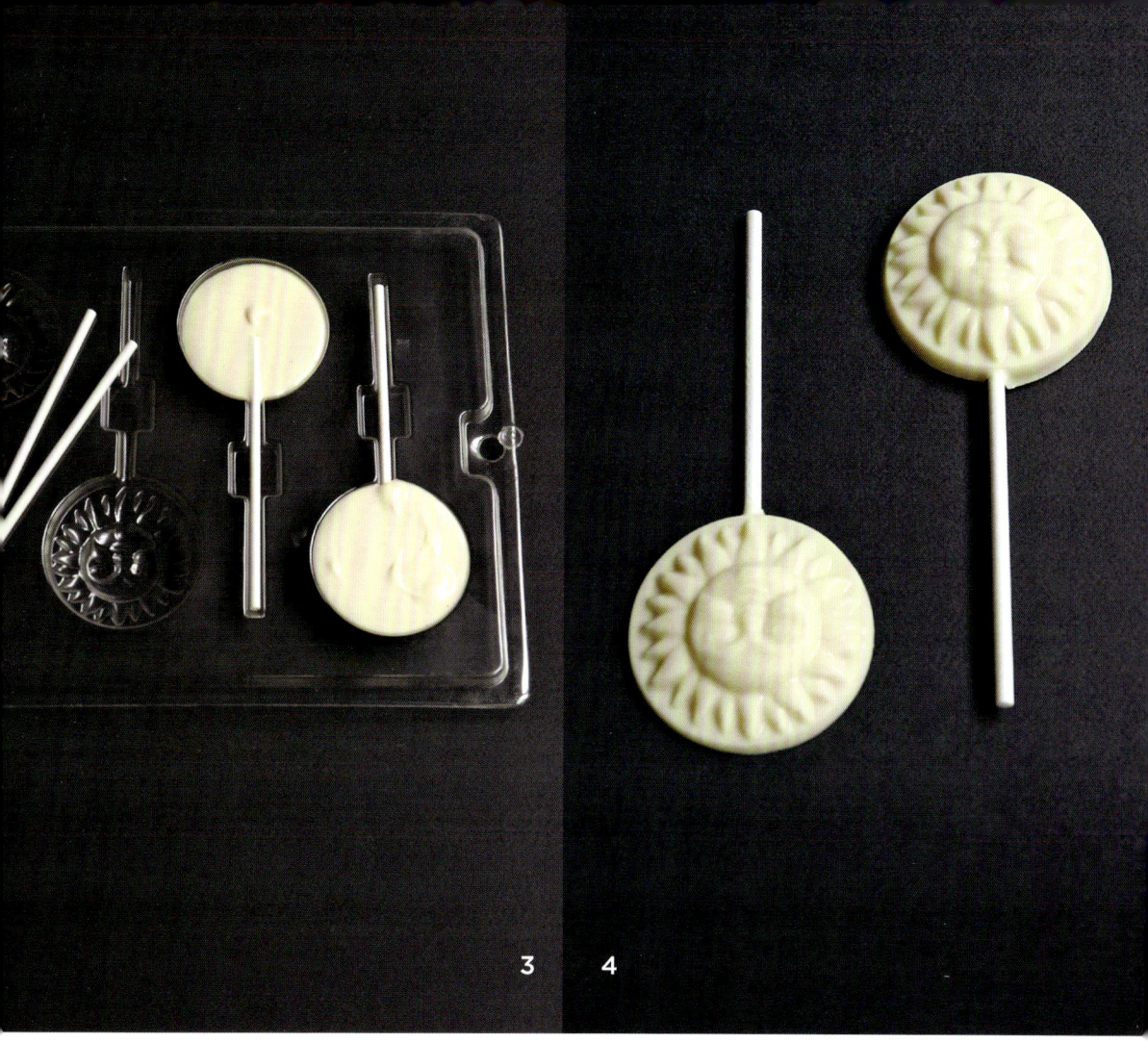

3   4

KLEINE SCHOKOLADENFIGUREN *(Fotos 3 und 4)*

FÜR 50 KLEINE FIGUREN
ZUBEREITUNGSZEIT: 10 MINUTEN
ABKÜHLZEIT 30–60 MINUTEN

300 g Zartbitter-, Vollmilch- oder weiße Schokolade

Die Schokolade in der Mikrowelle oder im Wasserbad schmelzen. Die flüssige Schokolade in die Formen geben und dabei gut verteilen; mehrmals an die Form klopfen, damit sich eventuelle Luftblasen lösen (sie sind sonst in den fertigen Figuren in Form kleiner Löcher sichtbar). Mit einem Glasurmesser überschüssige Schokolade abziehen; darauf achten, dass auf den Stegen zwischen den einzelnen Figuren keine Schokolade zurückbleibt, denn das würde das Stürzen erschweren und hätte unsaubere Kanten zur Folge. Die Schokolade bei Raumtemperatur einige Minuten fest werden lassen, dann die Form bis zum vollständigen Erkalten der Schokolade 30–60 Minuten an einen kühlen Ort oder in den Kühlschrank stellen. Haben sich die Ränder der Figuren etwas zurückgezogen, die Figuren aus der Form lösen; dazu die Form leicht biegen. Lösen sich die Figuren mit einem kleinen Geräusch, können Sie die Form stürzen und die Figuren entnehmen. Ist kein Geräusch zu hören, die Form 20 Minuten in den Kühlschrank stellen und es dann erneut versuchen.

Tipps: Haben Sie die Schokolade temperiert, behalten die Schokoladenfiguren ihren Glanz; andernfalls kann der Glanz nach 24 Stunden nachlassen – aber bis dahin sind sie vielleicht ohnehin schon verspeist. Übrig gebliebene Schokolade für Kuchen, Mousse oder heiße Schokolade verwenden.

KLEINE SCHOKOLADENEIER

FÜR 4 EIHÄLFTEN VON ETWA 10 CM
HÖHE
ZUBEREITUNGSZEIT: 25 MINUTEN
ABKÜHLZEIT: 40 MINUTEN

Was gibt es Schöneres, als mit den Kindern vor Ostern
Schokoeier herzustellen? Und dazu ist es ganz einfach.
Das Schwierigste ist, im Fachhandel die geeigneten Formen
aufzutreiben

**450 g Zartbitter-, Vollmilch- oder
weiße Schokolade
1 Packung Frühstückscerealien oder
2 Packungen Waffeln, zerbröselt**

Die Schokolade in der Mikrowelle oder im Wasserbad schmelzen.
Die flüssige Schokolade gründlich mit den Cerealien oder den
zerbröselten Waffeln vermischen, bis alles mit Schokolade
ummantelt ist.
Nun können Sie damit entweder die Formen vollständig füllen, sodass
massive Eihälften entstehen, oder Hohlformen mit einer Schokoladenschicht auskleiden, sodass hohle Eihälften entstehen. Für kleinere
Kinder ist die erste Variante einfacher; die zweite erfordert schon
etwas Fingerspitzengefühl.
Dafür etwas Schokolade in die Mitte der Hohlform geben und darum-
herum nach und nach immer mehr Schokolade dazugeben. Nicht
zu viel Schokolade an den Wänden der Form anhäufen; sonst verliert
das fertige Ei sein individuelles, unregelmäßiges Aussehen.
Die Schokolade im Kühlschrank etwa 40 Minuten fest werden lassen.
Durch leichtes Biegen der Form die Eihälften lösen und herausnehmen.
Nach Belieben mit Schleifen verzieren oder in Zellophanfolie verpacken,
selbst gebastelte Anhänger daran festbinden und verschenken.

HAUSGEMACHTE SCHOKOLADETAFELN

FÜR 1–3 TAFELN
ZUBEREITUNGSZEIT: 20 MINUTEN
ABKÜHLZEIT: 30 MINUTEN

Um schöne Schokoladenformen zu finden, müssen Sie im
Fachhandel stöbern oder im Internet suchen. Meine Lieblings-
form ist und bleibt der Klassiker, mit schönem Kästchen-
muster auf der einen Seite und glatter Fläche auf der anderen.

**750 g Zartbitterschokolade
(250 g pro Tafel)**

Die Schokolade schmelzen (siehe Seite 12).
Die flüssige Schokolade in eine klassische Tafelform geben und gleichmäßig verteilen, sodass sich keine Hohlräume bilden. Einige Male
an die Form klopfen, damit sich eventuelle Luftblasen lösen; überschüssige Schokolade mit einem Glasurmesser abziehen.
Die Form 30 Minuten in den Kühlschrank stellen, dann herausnehmen
und die Tafel herauslösen; nötigenfalls die Form an den Rändern
etwas biegen. Aufpassen, dass die Tafel beim Herausfallen nicht bricht.
Die fertigen Schokoladetafeln in Gold- oder Silberfolie wickeln.

Tipps: Für Abwechslung sorgen fein gehacktes Trockenobst, abgerie-
bene Zitrusschale, Cerealien, zerkrümelte Kekse oder Schokoriegel.
Geben Sie die entsprechende Zutat (aber nicht zu viel davon, da dies
das Lösen aus der Form erschwert) in die Hohlform und gehen
Sie dann wie im Rezept beschrieben vor.
Eine hübsche Verzierung sind auch kandierte Veilchen und Rosen-
blüten, versilberte oder vergoldete Zuckerkügelchen.
Übrig gebliebene Schokolade aufbewahren und für einen Kuchen
oder ein Dessert weiterverwenden.

SCHOKOLADE-HONIG-MADELEINES

FÜR ETWA 40 KLEINE ODER
20 GROSSE MADELEINES
ZUBEREITUNGSZEIT: 10 MINUTEN
ABKÜHLZEIT: 1 STUNDE
BACKZEIT: 10 MINUTEN

150 g Zartbitterschokolade
70 g Butter
5 Eier, getrennt
4 EL Honig
125 g Zucker
150 g Mehl

Die Schokolade und die Butter zusammen in der Mikrowelle oder im Wasserbad schmelzen und abkühlen lassen.

Die Eigelbe mit dem Zucker zu einer dickcremigen, hellen Masse aufschlagen. Unter Rühren die geschmolzene Schokolade, Honig, Zucker und Mehl hinzufügen; nach jeder Zutat gut rühren.

Die Eiweiße zu nicht allzu festem Schnee schlagen und unter die Schokoladenmasse heben.

Den Teig mindestens 1 Stunde kühl stellen.

Den Ofen auf 190 Grad vorheizen.

Eine Silikonform verwenden oder falls eine klassische Madeleine-Form aus Metall verwendet wird, diese gut fetten. In kleine Formen jeweils 1 gestrichenen TL Teig, in größere Formen 1 gehäuften TL Teig geben. Die Madeleines je nach Größe 8–10 Minuten backen, bis die Teigoberfläche sich leicht nach oben wölbt. Aus dem Ofen nehmen, etwas abkühlen lassen und aus der Form lösen.

BISCOTTI

FÜR ETWA 30 STÜCK
ZUBEREITUNGSZEIT: 20 MINUTEN
BACKZEIT: 35 MINUTEN
ABKÜHLZEIT: 40 MINUTEN

225 g Zucker
75 g weiche Butter
4 Eier
1 TL flüssiger Vanilleextrakt
210 g Mehl
1 Tütchen Backpulver
250 g Zartbitterschokolade-Tropfen

Zucker und Butter schaumig schlagen. Nacheinander die Eier dazugeben, dann den Vanilleextrakt und anschließend Mehl und Backpulver. Gut durchrühren und zuletzt die Schokoladentropfen darunterheben. Den Teig in Form von zwei Rechtecken von etwa 25 x 10 cm auf ein mit Silikonmatte oder Backpapier ausgelegtes Blech geben und 30 Minuten kalt stellen.
Den Ofen auf 180 Grad vorheizen und die Biscotti etwa 25 Minuten backen. Die Oberfläche der Biscotti sollte knusprig sein und an einer hineingestochenen Messerspitze darf kein Teig mehr hängen bleiben. Aus dem Ofen nehmen und 10 Minuten abkühlen lassen. Die Ofentemperatur auf 150 Grad reduzieren.
Die beiden noch warmen Teigplatten in etwa 2 cm dicke Scheiben aufschneiden. Die Biscotti auf die Seite legen und je Seite nochmals 5–8 Minuten backen, sodass sie rundum schön gebräunt sind. Auskühlen lassen und in Kaffee getaucht genießen.

FLORENTINER (ODER FAST!)

FÜR ETWA 12 STÜCK
ZUBEREITUNGSZEIT: 20 MINUTEN
BACKZEIT: 25 MINUTEN
ABKÜHLZEIT: 1 STUNDE

100 g Butter
100 g Rohzucker
100 g Honig
100 g kandierte Kirschen
50 g Rosinen
75 g gemischte kandierte Früchte, gehackt
100 g Mandelblättchen
100 g Mehl

100 g Zartbitter- oder Vollmilchschokolade

Es gibt Rezepte, die wollen einfach nicht richtig gelingen! Ich habe mehrmals versucht, echte Florentiner zu backen, verschiedene Rezeptversionen ausprobiert, kiloweise kandiertes Obst gekauft – aber befriedigend war das Resultat nie. Hier nun mein Rezept, das fast alle Zutaten des Originals enthält (außer dem Stress!) und dem Vorzeige-Florentiner am nächsten kommt.

Den Ofen auf 180 Grad vorheizen. Ein Backblech von etwa 18 x 28 cm fetten und mit Backpapier auslegen.
Butter, Zucker und Honig in einem Topf erhitzen, bis sich der Zucker vollständig aufgelöst hat. Vom Herd nehmen und Kirschen, Rosinen, kandierte Früchte, Mandeln und Mehl darunterrühren. Die Masse auf das Blech geben, glatt streichen und 20–25 Minuten backen, bis sich die Oberseite bräunt.
Aus dem Ofen nehmen und 5 Minuten auf dem Blech auskühlen lassen, dann mit einem scharfen Messer in kleine Rechtecke schneiden; falls sie noch zu weich sind, nochmals einige Minuten auskühlen lassen. Wenn die Florentiner vollständig ausgekühlt sind, die Schokolade in der Mikrowelle oder im Wasserbad schmelzen; die Florentiner vorsichtig mit der Unterseite in die flüssige Schokolade tauchen und, mit der Schokoladenseite nach oben, auf Schokoladenfolie oder Backpapier fest werden lassen.

SCHOKOLADEN-SHORTBREAD

FÜR ETWA 20 STÜCK
ZUBEREITUNGSZEIT: 15 MINUTEN
BACKZEIT: 50 MINUTEN

250 g sehr kalte gesalzene Butter, klein geschnitten
85 g Zucker
300 g Mehl
25 g Kakaopulver

Den Ofen auf 150 Grad vorheizen.
Butter, Zucker, Mehl und Kakaopulver mit den Händen oder in der Küchenmaschine zu einem krümeligen Teig verarbeiten. Diesen dann noch von Hand 1 Minute auf einer kalten, dünn mit Mehl bestäubten Unterlage durchkneten. Den Teig auf ein gefettetes Blech und mit den Fingern festdrücken. 50 Minuten backen.
Herausnehmen und noch heiß in Dreiecke oder Streifen schneiden und mit Puderzucker bestreuen. Auf dem Blech abkühlen lassen.

KOKOSRIEGEL

FÜR ETWA 30 STÜCK
ZUBEREITUNGSZEIT: 15 MINUTEN
ABKÜHLZEIT: 3 STUNDEN

350 g Zartbitterschokolade
100 g weiche Butter
100 g Puderzucker
200 g gezuckerte Kondensmilch
225 g Kokosraspeln

Voll köstlicher Zutaten, sehr gehaltvoll und schlecht für die
Arterien, haben diese kleinen süßen Happen das Zeug,
viele Fans zu finden.

Die Schokolade schmelzen. In eine rechteckige Silikonform von
20 x 30 cm Größe füllen und fest werden lassen.
Butter und Puderzucker schaumig schlagen; dann Kondensmilch und
Kokosraspeln hinzufügen und zu einer glatten, geschmeidigen
Masse verrühren. Diese Masse auf der erkalteten Schokoladenschicht
verteilen und anschließend im Kühlschrank vollständig kalt und fest
werden lassen.
Nach dem Erkalten die Form stürzen, die Platte herauslösen und in
Quadrate oder kleine Riegel aufschneiden (mit der Kokosseite nach
oben – so geht's einfacher).

SCHOKO-KOKOS-HÄPPCHEN
MIT KANDIERTEN KIRSCHEN

FÜR ETWA 30 STÜCK
ZUBEREITUNGSZEIT: 15 MINUTEN
BACKZEIT: 25 MINUTEN
ABKÜHLZEIT: 3 STUNDEN

450 g Zartbitterschokolade
180 g kandierte Kirschen, halbiert
4 Eier
180 g Rohzucker
225 g Kokosraspeln

Die Schokolade schmelzen und in eine rechteckige Silikonform
von 20 x 30 cm Größe füllen. Etwas fest werden lassen.
Den Ofen auf 180 Grad vorheizen.
Die halbierten Kirschen auf die noch weiche Schokolade setzen.
Die Eier schaumig schlagen, dann Zucker und Kokosraspeln
hinzufügen, gut verrühren und die Masse auf dem Schokoladenboden
verteilen. 25 Minuten backen, bis sich der Teig leicht bräunt.
Aus dem Ofen nehmen, etwas abkühlen lassen und auf der Oberfläche
kleine Quadrate markieren, dann im Kühlschrank vollständig erkalten
lassen. Nach dem vollständigen Erkalten in Quadrate aufschneiden.

NAOMI-RIEGEL

FÜR 8-10 PERSONEN
ZUBEREITUNGSZEIT: 20 MINUTEN
ABKÜHLZEIT: 2½ STUNDEN

FÜR DIE ERSTE SCHICHT
100 g Zartbitterschokolade
100 g Butter
50 g Zucker
1 Ei, verklopft
3 TL Kakaopulver
250 g Butterkekse, zerkrümelt
50 g Kokosraspeln
50 g Walnüsse oder Pekannüsse,
fein gehackt

FÜR DIE ZWEITE SCHICHT
50 g sehr weiche Butter
250 g Puderzucker
3 EL Custard powder (siehe Tipp)
3–4 EL Wasser

FÜR DIE DRITTE SCHICHT
50 g sehr weiche Butter
80 g Zartbitterschokolade
50 g Puderzucker

Für die erste Schicht Schokolade, Butter und Zucker in der Mikrowelle
oder im Wasserbad schmelzen, das verklopfte Ei hinzugeben und
langsam erhitzen, ohne zum Kochen zu bringen. Vom Herd nehmen
und die anderen Zutaten hinzugeben. Die Masse in einer etwa
1 cm dicken Schicht in einem tiefen Backblech oder in einer Auflaufform ausstreichen. 1 Stunde kalt stellen.

Für die zweite Schicht alle Zutaten zu einer glatten, geschmeidigen
Masse verrühren und auf die erkaltete erste Schicht geben. Wiederum
30 Minuten kalt stellen.

Für die dritte Schicht Butter und Schokolade in der Mikrowelle
oder im Wasserbad schmelzen, den Puderzucker hinzugeben und
auf der erkalteten zweiten Schicht verteilen. Nochmals 1 Stunde
in den Kühlschrank stellen, dann die feste Masse in kleine Quadrate
oder Riegel aufschneiden.

Tipp: Für das Custard powder muss ich mich wirklich entschuldigen;
es ist eine hundertprozentig angelsächsische Zutat. Wenn Sie
es nicht in einem großen, international sortierten Supermarkt oder
Feinkostgeschäft finden, können Sie es durch einige Tropfen
natürlichen Vanilleextrakt und 30 g Puderzucker oder allenfalls
auch durch Vanillepuddingpulver ersetzen. Custard powder finden
Sie auch im Internet-Versandhandel, zum Beispiel unter
www.greatbritishfood.de.

SÜSSE HÄPPCHEN ZUM KAFFEE

FÜR ETWA 12 STÜCK
ZUBEREITUNGSZEIT: 10 MINUTEN

200 g Zartbitterschokolade
2–3 Handvoll Pistazien, Mandeln,
Paranüsse, Trockenobst usw.,
fein gehackt

Stellen Sie ganz nach Ihrem Geschmack individuelle
Schokoriegel aus besten Zutaten her: Kaufen Sie dazu
in einer guten Confiserie feine Schokolade und auf
dem Markt köstliche Kerne und Trockenobst.

Die Schokolade schmelzen und mit den Kernen und dem fein
zerkleinerten Trockenobst vermischen. Die Masse in eine Silikonform geben und im Kühlschrank fest werden lassen. Dann in
kleine Quadrate aufschneiden und zum Kaffee servieren.

MARSHMALLOW-CARRÉS MIT WEISSER SCHOKOLADE

FÜR 10–12 PERSONEN
ZUBEREITUNGSZEIT: 15 MINUTEN
ABKÜHLZEIT: 1 STUNDE

100 g Butter, geschmolzen und
erkaltet
1 Packung Butterkekse, fein
zerkrümelt
100 g Kokosraspeln
1 Dose gezuckerte Kondensmilch
1 Packung Marshmallows
150 g weiße Schokolade

Alle Zutaten (außer der Schokolade und den Marshmallows) verrühren,
auf einem Backblech oder in einer Auflaufform verstreichen und im
Kühlschrank fest werden lassen.
Die Marshmallows mit einer immer wieder neu benetzten Schere
in Stücke schneiden und auf der erkalteten Masse verteilen.
Die Schokolade schmelzen und über die Marshmallow-Schicht
gießen. Etwa 1 Stunde an einem kühlen Ort (möglichst nicht im
Kühlschrank, weil die Schokolade dort durch die Feuchtigkeit
fleckig werden könnte) erkalten lassen.

SCHOKO-MINZE-KEKSE

FÜR ETWA 20 STÜCK
ZUBEREITUNGSZEIT: 30 MINUTEN
BACKZEIT: 7 MINUTEN

175 g weiche Butter
75 g Puderzucker
200 g Mehl

FÜR DIE GLASUR
200 g Puderzucker
natürliches Minzearoma
etwa 300 g Zartbitterschokolade

Butter und Puderzucker mit dem Handmixer schaumig aufschlagen. Das Mehl hinzufügen und alles zu einem glatten Teig verrühren. Aus dem Teig kleine Rondellen von etwa 2 cm Durchmesser formen. Diese auf ein mit Silikonmatte oder Backpapier belegtes Blech setzen und 5–7 Minuten backen. Aus dem Ofen nehmen und abkühlen lassen.
Für die Glasur den Puderzucker mit einigen Tropfen Minzearoma und etwas Wasser glatt rühren. Die Kekse mit der Zuckerglasur bestreichen. Die Schokolade schmelzen und die Kekse mithilfe einer Pralinen-gabel hineintauchen. Auf Backpapier oder Schokoladenfolie setzen und die Glasur fest werden lassen.

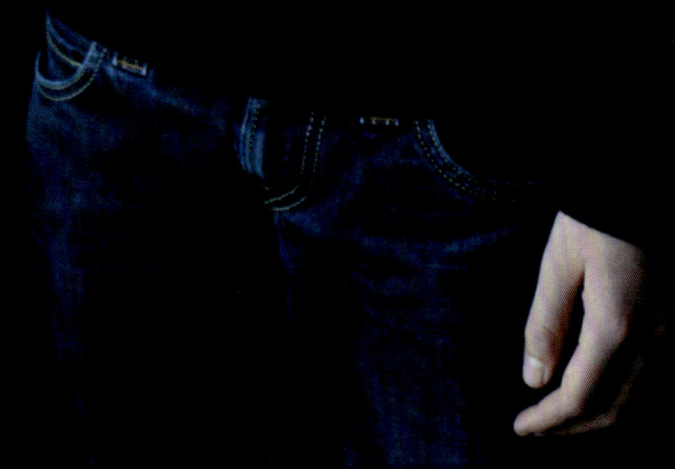

SCHOKOLADE FÜR
KIDS

DER KUCHEN VON JEAN-FRANÇOIS, DER IMMER IN DER FORM KLEBT

FÜR 8-10 PERSONEN
ZUBEREITUNGSZEIT: 10 MINUTEN
BACKZEIT: 20 MINUTEN

250 g Schokolade
250 g Butter
6 Eier, getrennt
250 g Zucker

Schon im Kindergarten von Daumesnil war Jean-François in Virginie verliebt. Und Virginie, auch damals schon verrückt nach Schokolade, erwiderte die Liebe von Jean-François insbesondere wegen des Schokoladenkuchens, den seine Großmutter immer für ihn buk ... Nachdem die Großmutter Virginies Mutter das Rezept verraten hatte, ließ Virginie den armen Jungen fallen wie eine heiße Kartoffel. Die Geschichte hat trotzdem ein Happy-End, denn das Rezept existiert noch immer! Der Kuchen ist köstlich, und die Tatsache, dass er immer in der Form kleben bleibt, erspart seine Verzierung. Und wann kommt es schon vor, dass alle freiwillig aus einer Form essen?

Den Ofen auf 190 Grad vorheizen.
Schokolade und Butter in der Mikrowelle oder im Wasserbad schmelzen.
Die Eigelbe und den Zucker zu einer dickcremigen Masse aufschlagen und mit der flüssigen Schokoladen-Butter-Mischung verrühren.
Die Eiweiße steif schlagen und den Eischnee vorsichtig unter die Schokoladenmasse heben.
Den Teig in eine Kuchenform von 30 cm Durchmesser füllen und etwa 20 Minuten backen. Zuerst geht der Kuchen auf, dann fällt er zusammen, wobei rundum eine leicht erhabene Kruste stehen bleibt.
In der Form servieren; er schmeckt auch lauwarm sehr gut, wenn's eilt.

TOP HATS

FÜR ETWA 20 STÜCK
ZUBEREITUNGS- UND ABKÜHLZEIT:
30 MINUTEN

300 g Zartbitter- oder
Vollmilchschokolade
1 Packung Marshmallows
1 Packung Smarties

Die Schokolade in der Mikrowelle oder im Wasserbad schmelzen.
So viele Papierbackformen wie gewünscht auslegen. In jede Form
1 TL flüssige Schokolade geben und jeweils 1 Marshmallow hineinsetzen.
Auf jeden Marshmallow 1 Klecks Schokolade platzieren und einige
Smarties darauf verteilen. Die Schokolade fest werden lassen.

CUPCAKES

FÜR ETWA 20 STÜCK
ZUBEREITUNGSZEIT: 15 MINUTEN
BACKZEIT: 15 MINUTEN

225 g Butter
225 g Zucker
4 Eier
225 g Mehl
4 TL Kakaopulver, vermischt
mit 4 TL Wasser
1½ TL Backpulver

Den Ofen auf 180 Grad vorheizen. 20 Vertiefungen von 2 Muffinblechen
mit Papierbackformen auslegen.
Alle Zutaten mit dem Handmixer etwa 1 Minute zu einem glatten
Teig verrühren.
Die Papierbackformen zu zwei Dritteln mit Teig füllen und
12–15 Minuten backen.
Aus dem Ofen nehmen, etwas abkühlen lassen und dann die Papier-
backformen aus dem Blech nehmen.

FINGERABDRÜCKE

ERGIBT ETWA 36 STÜCK
ZUBEREITUNGSZEIT: 45 MINUTEN
BACKZEIT: 15 MINUTEN

50 g weiche Butter
100 g Rohzucker
1 EL Milch
160 g Mehl

FÜR DIE GLASUR
125 g weiße, Zartbitter- oder
Vollmilchschokolade
60 g Butter

Den Ofen auf 180 Grad vorheizen.
Butter und Zucker schaumig schlagen. Die Milch dazugeben und alles
zu einer glatten Masse rühren. Das Mehl hinzufügen und von Hand
zu einem weichen Teig verarbeiten.
Den Teig in drei Teile teilen und jeweils zu einer Rolle von etwa 2 cm
Durchmesser formen. Dann jede Rolle in 12 Scheiben aufschneiden.
Aus jeder Scheibe mit den Händen eine Kugel rollen; die Kugeln
auf das Backblech setzen und mit dem Daumen in jede Kugel eine
Mulde drücken. Ungefähr 15 Minuten backen, bis sie goldbraun
sind. Aus dem Ofen nehmen und vollständig abkühlen lassen.

Für die Glasur Schokolade und Butter in der Mikrowelle oder im
Wasserbad schmelzen und glatt rühren. Mit einem Teelöffel
in jede der Mulden etwas flüssige Schokolade geben und bis zum
Servieren fest werden lassen.

PISTAZIEN-AHORNSIRUP-KEKSE

FÜR ETWA 30 STÜCK
ZUBEREITUNGSZEIT: 10 MINUTEN
ABKÜHLZEIT: 5–6 STUNDEN
BACKZEIT: 10 MINUTEN

150 g Rohzucker
2 EL Ahornsirup
170 g weiche gesalzene Butter
1 Ei, verklopft
280 g Mehl
40 g gehackte Pistazien (oder
Pekan-, Macadamia-, Wal- oder
Haselnüsse)
60 g Zartbitterschokolade-Tropfen

Den Ofen auf 190 Grad vorheizen.

Zucker, Ahornsirup und Butter mit dem Handmixer cremig-luftig aufschlagen. Unter Rühren das Ei hinzufügen. Dann Mehl, Pistazien und Schokotröpfchen dazugeben und mit einem Holzlöffel darunterheben.

Den Teig zu einer Rolle formen und diese in Frischhaltefolie verpackt 5–6 Stunden im Kühlschrank ruhen lassen. Dann den Teig aus der Folie wickeln, in etwa ½ cm dicke Scheiben schneiden und diese auf ein mit Silikonmatte oder Backpapier belegtes Blech setzen. Etwa 10 Minuten backen, bis sich die Kekse goldbraun färben. Auf einem Kuchengitter abkühlen lassen.

ERDNUSSBUTTER-COOKIES
MIT ZWEIERLEI SCHOKOLADE

FÜR ETWA 36 STÜCK
ZUBEREITUNGSZEIT: 15 MINUTEN
BACKZEIT: 15 MINUTEN

FÜR DIE COOKIES
120 g Zartbitterschokolade
120 g gesalzene Butter
300 g Zucker
3 Eier, verklopft
120 g Mehl
1½ TL Backpulver
120 g Kakaopulver
120 g Vollmilchschokolade,
etwa 1 cm groß gewürfelt

FÜR DIE FÜLLUNG
150 g Erdnussbutter
50 g Puderzucker

Mit zwei Sorten Schokolade und Kakaopulver strotzen diese Cookies nur so vor aromatischer Süße. Und der leicht salzige Geschmack der Erdnussbutter gibt ihnen das gewisse Etwas. Je kleiner diese gehaltvollen Kekse sind, desto besser werden sie.

Den Ofen auf 170 Grad vorheizen.
Zartbitterschokolade und Butter in der Mikrowelle oder im Wasserbad schmelzen. Etwas abkühlen lassen, dann den Zucker und die Eier einrühren. Anschließend Mehl, Backpulver und Kakao darunterrühren und alles gut vermischen. Zuletzt die Vollmilchschokolade hinzufügen. Jeweils 1 TL Teig zwischen den Handflächen zu einer Kugel rollen, etwas flach drücken und auf ein Backblech legen. Dazwischen etwa 5 cm Abstand lassen.
Die Cookies 12–15 Minuten backen. Aus dem Ofen nehmen und auf einem Kuchengitter auskühlen lassen.
Für die Füllung die Erdnussbutter und den Puderzucker verrühren. Etwas Füllung auf einen Keks streichen, einen zweiten daraufsetzen und leicht andrücken.
Zum Kaffee oder mit Vanille-Eis als Dessert servieren.

COOKIES: DER KLASSIKER

FÜR ETWA 12 STÜCK
ZUBEREITUNGSZEIT: 15 MINUTEN
BACKZEIT: 10 MINUTEN

150 g weiche Butter
80 g Rohzucker
50 g dunkler Rübenzucker mit
Karamellaroma (Vergeoise,
siehe Tipp Seite 90)
½ TL natürlicher Vanilleextrakt
2 Eier, verklopft
175 g Mehl
½ TL Backpulver
150 g Schokoladentröpfchen

Diese selbstgemachten Kekse haben nichts mit all den scheußlichen Supermarkt-Produkten gemein. Sie zergehen zart auf der Zunge, bevor sie die im Innern verborgenen Schokostückchen freigeben.

Den Ofen auf 190 Grad vorheizen. 2 Bleche mit Backpapier oder Silikonmatten belegen.
Butter, braunen sowie Vergeoise-Zucker und Vanilleextrakt mit der Küchenmaschine schaumig schlagen, bis sich das Volumen verdoppelt hat. Unter Rühren die Eier hinzufügen. Dann Mehl und Backpulver behutsam darunterziehen und nur noch so lange rühren, bis sich das Mehl mit dem Teig verbunden hat. Anschließend die Schokoladen-tröpfchen darunterheben.
Esslöffelgroße Teigportionen auf die Bleche geben und 10 Minuten backen. Die Cookies sollen sich goldbraun färben, müssen aber in der Mitte noch weich sein. Aus dem Ofen nehmen, einige Minuten auf dem Blech abkühlen lassen, dann auf Kuchengittern vollständig erkalten lassen.

SCHOKO-MUFFINS

FÜR ETWA 12 STÜCK
ZUBEREITUNGSZEIT: 5 MINUTEN
BACKZEIT: 15 MINUTEN

100 g Mehl
1 EL Kakaopulver
50 g Zucker
100 ml Magermilch
1 Ei
2 EL Sonnenblumenöl

Den Ofen auf 170 Grad vorheizen.
Mehl und Kakaopulver in eine Schüssel sieben, den Zucker daruntermischen.
Milch, Ei und Öl in einer separaten Schüssel verrühren.
In die Mehlmischung eine Mulde drücken und die Milchmischung hineingeben. Alles zügig verrühren (lassen Sie sich dabei durch eventuelle Klümpchen nicht beunruhigen) und den Teig in 12 Muffin-formen verteilen. 15 Minuten backen, bis die Muffins schön aufge-gangen sind. Aus dem Ofen nehmen und die Muffins heiß, lauwarm oder kalt genießen.

WEISSE SCHOKO-MUFFINS MIT BLAUBEEREN

FÜR ETWA 12 STÜCK
ZUBEREITUNGSZEIT: 5 MINUTEN
BACKZEIT: 25 MINUTEN

150 g Mehl
50 g Zucker
100 ml Milch
1 Ei, verklopft
50 g leicht gesalzene Butter,
geschmolzen und abgekühlt
80 g Blaubeeren
100 g weiße Schokolade, fein
zerkleinert

Den Ofen auf 200 Grad vorheizen.
Das Mehl in eine Schüssel sieben, den Zucker daruntermischen.
Milch, Ei und die flüssige Butter in einer separaten Schüssel verrühren.
In die Mehlmischung eine Mulde drücken und die Milchmischung hineingeben. Dann die Blaubeeren und die Schokolade darunterheben.
Der Teig muss ein wenig krümelig sein. In 12 Muffinformen verteilen und 20–25 Minuten backen, bis die Muffins schön aufgegangen und gebräunt sind.

CHOCOLATE CHIP MUFFINS

FÜR ETWA 12 STÜCK
ZUBEREITUNGSZEIT: 5 MINUTEN
BACKZEIT: 20 MINUTEN

225 g Mehl
3 gestrichene EL Kakaopulver
180 g Zucker
200 g Zartbitterschokolade
in Tropfenform oder zerkleinert
250 ml Milch
2 mittelgroße Eier
75 ml Sonnenblumenöl

Den Ofen auf 200 Grad vorheizen.
Mehl und Kakaopulver in eine Schüssel sieben, den Zucker daruntermischen. Drei Viertel der Schokolade darunterheben.
Milch, Eier und Öl in einer separaten Schüssel verrühren.
In die Mehlmischung eine Mulde drücken und die Milchmischung hineingeben. Alles zügig verrühren und den Teig in 12 Muffinformen verteilen. Die restliche Schokolade darauf verteilen und 20 Minuten backen, bis die Muffins schön aufgegangen sind.

UND WEITER

?
.

KULINARISCHE ALLIANZEN

Wie sich die Dinge doch verändert haben! Als ich mein erstes Schokoladenbuch schrieb, habe ich mich ein bisschen über Kombinationen von Schokolade mit Pfeffer und Roquefort lustig gemacht. Inzwischen sind das alltägliche, fast schon banale Verbindungen, und auch in diesem Buch dürfen Rezepte mit Pfeffer oder süß-pikanten Allianzen nicht fehlen.

Olivenöl, Wasabi, Chili, Safran, alle Arten von Pfeffer, Essig (Balsamessig, Himbeeressig, Apfelessig usw.) gehen mit Schokolade die vielleicht gelungensten Kombinationen ein.

ESSIG-KARAMELL
Bereiten Sie ein Karamell mit Balsamicoessig zu. Rechnen Sie 1 EL Essig auf 100 g Zucker, und servieren Sie ihn fest und knackig oder weich zu einer Schokoladenmousse oder einem dunklen Schokoladenkuchen.

WASABI
Er erweckt weiße Schokolade zum Leben und gibt ihr eine interessant-pikante Senfnote. Eine Messerspitze reicht schon in einer weißen Schokomousse, die man zum Beispiel zu Erdbeeren servieren kann.

GEWÜRZE
Aromatisieren Sie den erhitzten Rahm (Sahne), aus dem Sie Trüffel und Ganache herstellen, mit Safran, Pfeffer oder Chili, um diesen eine überraschende Note zu verleihen.

SALZ
Ein bisschen Salz ist in Butter-Karamell unverzichtbar, aber auch in Verbindung mit Vollmilch- und Zartbitterschokolade sorgt es für einen besonderen Gaumenkitzel. Die feinen Kristalle des Fleur de sel laden in vielen unterschiedlichen Sorten, Farben und Aromen zum Experimentieren ein und veredeln selbstgemachte Schokoladetafeln sowie alle Arten von Schokoladenkuchen.

GRÜNER MATCHA-TEE
Lässt sich in Pulverform perfekt mit weißer Schokolade kombinieren, gibt ihr eine blassgrüne Färbung und ein subtiles Aroma.
Zur Verzierung kann man mit dem Pulver auch weiße Schokoladen-Ganache bestreuen oder Schokotrüffel darin wälzen.

CHILI-SCHOKOLADEN-SUPPE

FÜR 4 PERSONEN
ZUBEREITUNGSZEIT: 15 MINUTEN

300 ml Rahm
1 große Prise Safran
1 große Prise Piment d'Espelette
(siehe Tipp)
100 g Schokolade sehr guter
Qualität, zerkleinert
Milch

Den Rahm auf 2 Töpfe verteilen und zum Kochen bringen. In jeden Topf etwas Safran und Piment d'Espelette geben und bei geschlossenem Deckel 5–10 Minuten ziehen lassen.
Dann die Töpfe vom Herd nehmen, in jeden 50 g Schokolade geben. 3–4 Minuten schmelzen lassen und anschließend alles mit dem Schneebesen zu einer glatten, glänzenden Mischung aufschlagen. Falls nötig die Suppe mit etwas Milch verdünnen.
Die Suppe in Schälchen verteilen und mit etwas Safran und Piment bestreut servieren.

Tipp: Piment d'Espelette ist eine besonders aromatische, mild-würzige Chilisorte. Er ist im spezialisierten Fachhandel und im Internet-Versandhandel (z. B. bei www.zauberdergewuerze.de) erhältlich.

SUPPE VON WEISSER SCHOKOLADE

FÜR 4 PERSONEN
ZUBEREITUNGSZEIT: 5 MINUTEN
ABKÜHLZEIT: 3 STUNDEN

500 ml Kokosmilch
125 ml Saft von frischen
Passionsfrüchten
1 Vanilleschote, längs aufgeschlitzt
500 g weiße Schokolade,
zerkleinert

Die Kokosmilch, den Passionsfruchtsaft und das ausgekratzte Vanille-mark samt Schote in einem Topf bei mäßiger Temperatur zum Kochen bringen.
Den Topf vom Herd nehmen, die weiße Schokolade hinzufügen und unter Rühren mit dem Schneebesen schmelzen. Es entsteht eine cremige Konsistenz (keinesfalls zurück auf den Herd stellen!).
Die Vanilleschote ausdrücken und entfernen. Die Suppe durch ein feines Sieb streichen und kalt stellen.

VOLLMILCH-MOUSSE-AU-CHOCOLAT MIT SALZBUTTER-KARAMELL

FÜR 6 PERSONEN
ZUBEREITUNGSZEIT: 10 MINUTEN
GARZEIT: 20 MINUTEN
ABKÜHLZEIT: 4-5 STUNDEN

100 g Zucker
30 g gesalzene Butter
200 ml Rahm
200 g Vollmilchschokolade
(mindestens 38% Kakaoanteil),
zerkleinert
3 Eier, getrennt

Aus dem Zucker, wie auf Seite 25 beschrieben, ein Karamell zubereiten. Den Topf vom Herd nehmen, Butter und Rahm einrühren, dann erneut erhitzen, bis eine weiche Karamellmasse entstanden ist. Etwas abkühlen lassen, dann die zerkleinerte Schokolade dazugeben und gut verrühren. Abkühlen lassen.
Die Eigelbe darunterrühren.
Die Eiweiße steif schlagen und behutsam unter die Schokoladenmasse heben. Die Mousse in Schälchen verteilen und 4–5 Stunden kalt stellen.

Tipp: Noch besser schmeckt die Mousse, wenn man sie am Vortag zubereitet.

CHAMPIGNON-KAKAO-CREMESUPPE

FÜR 4–6 PERSONEN
ZUBEREITUNGSZEIT: 10 MINUTEN
GARZEIT: 25 MINUTEN

2 kleine Schalotten, gehackt
50 g Butter
750 g Champignons, geputzt,
in Scheiben geschnitten
½ l Geflügelbrühe
250 ml Rahm
Salz und weißer Pfeffer aus
der Mühle
6 Stückchen Zartbitterschokolade
bester Qualität (mindestens
80% Kakaoanteil)

Ganz England ist verrückt nach den Kuvertüren von Willie Harcourt-Cooze, die aus sortenreinen Kakaobohnen hergestellt werden; der geschmolzenen Kuvertüre kann jeder so viel oder so wenig (oder gar keinen) Zucker hinzugeben, wie er möchte.

Profitieren Sie von den verschiedenen Schokoladensorten mit hohem Kakaoanteil und den »naturbelassenen« Varianten, die heute erhältlich sind – Sie können sie nach Ihrem eigenen Gusto veredeln. Kakao harmoniert großartig mit erdigen Aromen wie jenen von Artischocke, Blumenkohl, Kohlrabi oder Topinambur. Diese Suppe lässt sich mit frischen wie auch mit tiefgekühlten Champignons zubereiten. Und vielleicht haben Sie ja auch ein paar Morcheln zur Hand …

Die gehackten Schalotten in der Butter ganz langsam glasig dünsten. Die Champignons dazugeben und mitdünsten, bis sie Wasser ziehen. Dann mit der Brühe aufgießen und 15 Minuten köcheln lassen. Anschließend die Suppe mixen und den Rahm hinzufügen. Kurz vor dem Servieren mit Salz und Pfeffer abschmecken und die Schokolade darüberreiben.

Tipp: Sie können die geriebene Schokolade auch auf den Tisch stellen, sodass sich jeder nach Belieben selbst davon nehmen kann.

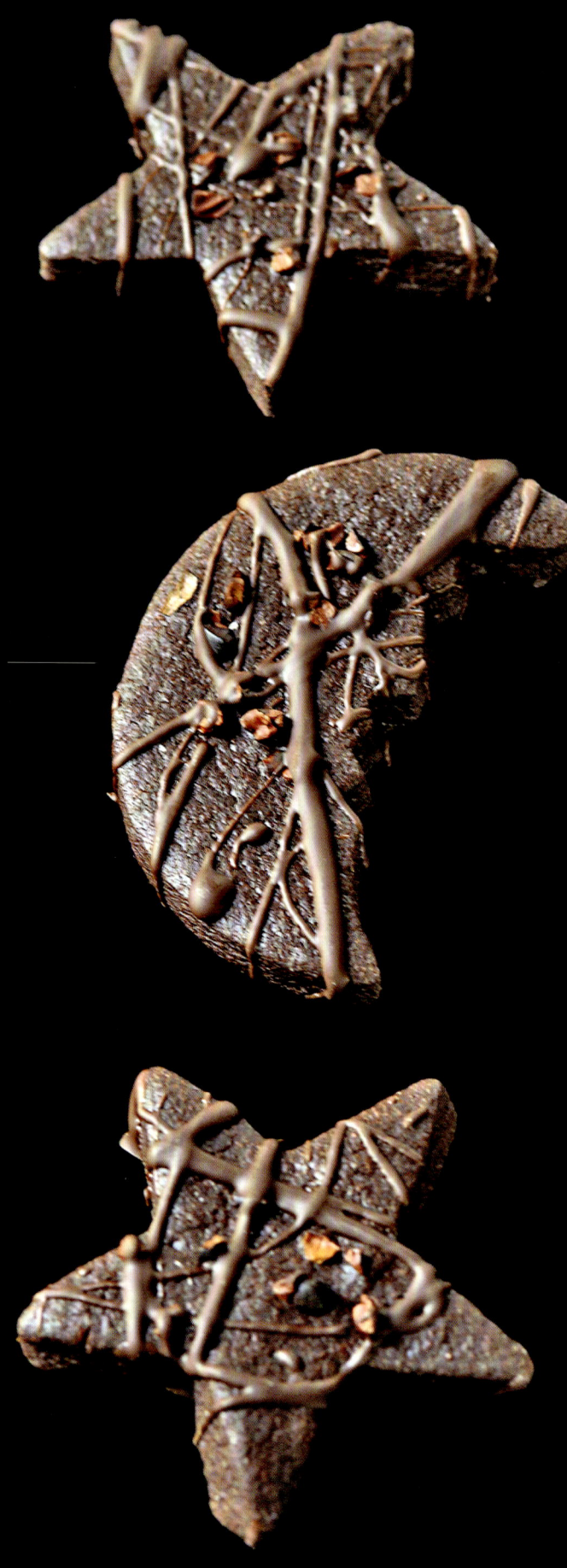

TIRAMISÙ-TRÜFFEL

FÜR ETWA 20 STÜCK
ZUBEREITUNGSZEIT: 15 MINUTEN

200 g Mascarpone
1 Eigelb
2 EL Zucker
4 Löffelbiskuits
2 EL Marsala
3 EL Kakaopulver

Mascarpone, Eigelb und Zucker verrühren.
Die Löffelbiskuits grob zerkleinern und mit Marsala beträufeln.
Dann sofort unter die Mascarponecreme rühren.
Kleine Portionen der Masse jeweils zwischen den Handflächen
zu Kugeln rollen und diese anschließend in Kakaopulver wälzen.
Sofort servieren.

ALISAS PFEFFERKEKSE

FÜR ETWA 20 STÜCK
BACKZEIT: 8 MINUTEN
ABKÜHLZEIT: 1-48 STUNDEN

350 g Butter
350 g Puderzucker
2 große Eier, leicht verklopft
1 TL Vanilleextrakt
380 g Mehl
190 g Kakaopulver bester Qualität
¼ TL Salz
¼ TL Zimt
¼ TL Cayennepfeffer
⅔ TL gemahlener schwarzer Pfeffer
½ Tasse Kakaobohnensplitter
115 g Schokolade mit 70%
Kakaoanteil

Butter und Puderzucker mit dem Handmixer aufschlagen. Die Eier
und den Vanilleextrakt unter Rühren hinzufügen und alles zu
einer cremigen Masse rühren. Das Mehl dazusieben, die restlichen
Zutaten außer Kakaobohnensplitter und Schokolade hinzufügen
und alles gut verrühren.
Den Teig zu einer dicken Scheibe formen und mit Frischhaltefolie
bedeckt mindestens 1 Stunde im Kühlschrank ruhen lassen.
Den Ofen auf 180 Grad vorheizen.
Den Teig Raumtemperatur annehmen lassen. Auf einer leicht bemehlten
Fläche mit dem Nudelholz ausrollen und anschließend mit den
Kakaobohnensplittern bestreuen. Mit einem Ausstecher verschiedene
Formen ausstechen, auf ein mit Backpapier belegtes Blech setzen
und 6-8 Minuten backen (die Cookies sehen dann nicht ganz fertig
gebacken aus, sind aber perfekt). Herausnehmen und abkühlen lassen.
Die Schokolade in der Mikrowelle oder im Wasserbad schmelzen
und die Kekse damit verzieren. Im Kühlschrank halten sie sich
5-6 Tage frisch.

GORGONZOLA-TRÜFFEL

FÜR 6 PERSONEN
ZUBEREITUNGSZEIT: 5 MINUTEN

100 g Gorgonzola oder anderer
Blauschimmelkäse
1 EL Mascarpone oder Crème
fraîche
etwa 50 g Schokolade, fein
gerieben

Die Verbindung von Käse und Schokolade wurde dank
Jean-Paul Hévin berühmt und ist inzwischen allgemein
bekannt. In dieser Version wird fein geriebene Schokolade
verwendet, die im Mund ebenso schnell schmilzt wie
der Käse. Eine faszinierende Alternative zur obligaten
großen Käseplatte zum Abschluss eines Menüs.

Den Käse zerkrümeln und mit Mascarpone oder Crème fraîche
verrühren.
Kleine Portionen davon sehr schnell zwischen den Handflächen
zu Kugeln rollen und dann in der geriebenen Schokolade wälzen.
Sofort verzehren oder im Kühlschrank fest werden lassen.

AUF DER HAUT

Pure Schokolade ist in puncto Konsistenz nicht unbedingt geeignet für Massagen oder andere Spielereien.
Denn selbst aktive Zungen schaffen es nicht ohne Weiteres, alle Spuren von der Haut zu beseitigen.

Trotzdem: Hier ist mein Rezept für ein himmlisches Bodypainting, gefolgt von einigen anderen Ideen, die jedoch eher mit Kakaobutter als mit Schokolade zu tun haben.

Kakaobutter ist die Basis vieler kosmetischer Produkte. Sie duftet herrlich, versorgt die Haut mit Feuchtigkeit und Fett und macht sie weich und geschmeidig. Kakaobutter bekommen Sie in Bioläden und in Drogerien.

BODYPAINTING

FÜR ETWA 1 QUADRATMETER HAUT
ZUBEREITUNGSZEIT: 2 MINUTEN
ABKÜHLZEIT: 5 MINUTEN

100 g Zartbitterschokolade
50 g Butter
2 EL Wasser

Alle Zutaten in der Mikrowelle oder im Wasserbad schmelzen und langsam zu einer homogenen Masse verrühren.
Vor der Anwendung abkühlen lassen.

KAKAOBOHNEN-PEELING

FÜR 1 KLEINES GLAS
ZUBEREITUNGSZEIT: 5 MINUTEN

1 EL Kakaobohnensplitter
2–3 EL Kakaobutter

Diese Peeling-Creme ist dank der abrasiven Eigenschaften der Kakaobohnensplitter sehr wirksam und dank der Kakaobutter mild und pflegend.

Die Kakaobohnensplitter in der Küchenmaschine oder im Blitzhacker zu Pulver mahlen, das aber trotzdem noch Stückchen enthalten sollte.
Die Kakaobutter schmelzen und mit dem Pulver vermischen.
Flüssig verwenden oder im Kühlschrank erkalten und fest werden lassen.

KAKAO-MANDEL-MASSAGEÖL

FÜR 1 KLEINES GLAS
ZUBEREITUNGSZEIT: 10 MINUTEN
ABKÜHLZEIT: 40 MINUTEN

50 g Kakaobutter
20 ml süßes Mandelöl
nach Belieben einige
Tropfen essentielles Öl mit
Schokoladenaroma ohne Farbstoffe

Ein mildes, sehr aromatisches Öl, das weder die Kleidung noch die Bettwäsche verfleckt und die Haut seidig weich macht. Mandelöl ist reich an Vitamin E.

Die Kakaobutter im Wasserbad schmelzen.
Die Öle hinzufügen und verrühren.
Vom Herd nehmen und langsam abkühlen lassen.

GEBRATENE JAKOBSMUSCHELN MIT KAKAO

FÜR 2 AMUSE-BOUCHES
ZUBEREITUNGSZEIT: 5 MINUTEN
GARZEIT: 2 MINUTEN

1 Chocolate-Chip-Cookie oder
Schokoladen-Sandteig-Keks
1 EL Kakaobohnensplitter
schwarzer Pfeffer
Fleur de sel
etwas Öl
20 g Butter
2 Jakobsmuscheln, ausgelöst

Das zarte, leicht süßliche Fleisch von Hummer, Krabbe
und Jakobsmuschel lechzt förmlich nach Kakao. Aber
bitte nur in geringsten Mengen verwenden! In diesem
Rezept handelt es sich um eine Art pikanten Crumble,
der die Süße der Jakobsmuschel subtil herauskitzelt.
Wer sich eine gewagte Beilage zutraut, serviert dazu
Pastinakenpüree mit weißer Schokolade und Pfeffer.

Den Keks zusammen mit den Kakaobohnensplittern in der Küchenmaschine oder im Blitzhacker zu Pulver mahlen. Mit Pfeffer und
Fleur de sel würzen und vermischen.
Öl und Butter in einer Pfanne erhitzen. Die Jakobsmuscheln von jeder
Seite 1 knappe Minute darin braten. (Das Fleisch muss innen
noch glasig und außen knusprig sein.) Mit Kakaopulver bestreut
sofort servieren.

SPECK MIT SCHOKO-DIP

FÜR 4 PERSONEN
ZUBEREITUNGSZEIT: 10 MINUTEN
ABKÜHLZEIT: 20 MINUTEN

100 g Zartbitterschokolade
knusprig gegrillte Speckstreifen
(Bacon)

In Großbritannien und Irland kennt man Bacon in vielen verschiedenen Geschmacksvarianten, beispielsweise mit Honig oder Ahornsirup gewürzt. Und Bacon mit Schokolade? Für eine Zartbitter-Mousse mit Bacon könnte ich sterben, glauben Sie mir.

Die Schokolade in der Mikrowelle oder im Wasserbad schmelzen. Die Enden der gegrillten Speckstreifen darin eintauchen und auf Backpapier fest werden lassen.

KARTOFFEL-CHIPS MIT SCHOKOLADE

FÜR 4 PERSONEN
ZUBEREITUNGSZEIT: 5 MINUTEN
ABKÜHLZEIT: 30 MINUTEN

100 g Zartbitterschokolade,
geschmolzen
1 Packung Kartoffel-Chips

Und nun auch noch Kartoffel-Chips? Ich bin ein Food-Fashion-Victim, ich gebe es zu! Wenn das für René Redzepi vom Restaurant Noma funktioniert, dann für mich allemal.

Die Schokolade in der Mikrowelle oder im Wasserbad schmelzen. Ein Ende der Chips in die flüssige Schokolade tauchen und auf Backpapier fest werden lassen.

PARMESAN-SCHOKO-TUILES

FÜR 4 PERSONEN
ZUBEREITUNGSZEIT: 10 MINUTEN
ABKÜHLZEIT: 5 MINUTEN

100 g Parmesan, frisch, grob
gerieben
etwa 30 g Zartbitterschokolade,
gerieben
schwarzer Pfeffer aus der Mühle

Diese Tuiles passen sowohl optisch als auch geschmacklich perfekt auf eine Champignonrahmsuppe. Auch zum Aperitif sind sie, mit schwarzem Pfeffer gewürzt, genial.

Den Ofen auf 180 Grad vorheizen.
Den Parmesan auf einem mit Silikonmatte oder Backpapier belegten Blech ausstreuen, die ebenfalls geriebene Schokolade darüber verteilen. Im Ofen 5 Minuten backen, bis sich der Parmesan zu bräunen beginnt.
Aus dem Ofen nehmen, abkühlen und fest werden lassen. Dann in unregelmäßige Stücke brechen. Bis zum Servieren an einem kühlen, trockenen Ort aufbewahren.

PIKANTES ORANGEN-HÜHNCHEN MIT SCHOKOLADE

FÜR 6 PERSONEN
ZUBEREITUNGSZEIT: 10 MINUTEN
GARZEIT: 1 STUNDE

5 Schalotten, fein gehackt
1 Knoblauchzehe, fein gehackt
1 EL Olivenöl
6 Hähnchenschenkel
300 ml frisch gepresster
Orangensaft
1 TL gemahlener Nelkenpfeffer
(Piment)
1 EL Koriandersamen
1 Dose (450 g) geschälte Tomaten
150 g Zartbitterschokolade
(mindestens 70% Kakaoanteil),
fein gehackt
1 Handvoll frisches Koriandergrün,
grob gezupft

Dies ist meine Version eines Rezepts des Londoner Schokoladen-Zauberers Paul A. Young. Ich habe den Zucker- und den Pfefferanteil reduziert. Wenn Sie es pikanter wünschen, geben Sie davon wieder mehr dazu. Die fein säuerlich-aromatischen Noten von Orange und Koriander harmonieren großartig mit der Zartbitterschokolade, die dieses Gericht meisterlich abrundet.

Das Öl in einem Schmortopf mit dickem Boden erhitzen und darin Schalotten und Knoblauch andünsten. Dann die Hähnchenschenkel dazugeben und rundum anbraten. Orangensaft, Nelkenpfeffer, Koriandersamen und Tomaten hinzufügen und alles 5 Minuten köcheln lassen. Dann bei geschlossenem Deckel weitere 45 Minuten auf dem Herd köcheln oder im Ofen bei 180 Grad schmoren lassen. Das fertige Gericht vor dem Servieren mit der fein gehackten Schokolade und dem Koriandergrün bestreuen.
Dazu Reis oder Sauerteigbrot, Pita oder Fladenbrot reichen.

SCHOKOLADENSAUCE MIT BALSAMICO UND HIMBEEREN

FÜR 4 PERSONEN
GARZEIT: 10 MINUTEN

300 ml Balsamicoessig
80 g brauner oder Muscovado-
Zucker
1–2 Handvoll frische oder
tiefgekühlte Himbeeren
100 g Zartbitterschokolade
(mindestens 70% Kakaoanteil),
grob gehackt

Diese köstliche Sauce reiche ich zu Kalbsleber, aber sie passt auch ausgezeichnet zu Reh, Wildschwein und Fasan. Sehr chic und sehr praktisch. Die Himbeeren können ruhig tiefgekühlt sein, und die Schokolade sollte einen hohen Kakaoanteil haben.

Den Essig mit dem Zucker zum Kochen bringen und leise köchelnd eindicken lassen. Den Topf vom Herd nehmen, die Himbeeren dazugeben und in der heißen Sauce zerdrücken. Dann die Schokolade hinzufügen und unter Rühren schmelzen.

ENTEN-PASTILLA

FÜR 10 HÄPPCHEN
ZUBEREITUNGSZEIT: 20 MINUTEN

1 konfierter Entenschlegel, im
eigenen Fett eingelegt
25 g Mandelpaste (aus Bioladen,
Reformhaus oder Feinkosthandel)
3 getrocknete Feigen, fein gehackt
Olivenöl
3 Schalotten, fein geschnitten
50 g Pinienkerne, trocken geröstet
50 g Zartbitterschokolade,
zerkleinert
3 Pita-Brote
1 große Prise Kreuzkümmel
1 große Prise Safran

Den Entenschlegel erhitzen, dann das Fleisch vom Knochen lösen und fein hacken.
Die Mandelpaste mit den Feigen und etwas Olivenöl in der Küchen-maschine oder im Blitzhacker vermischen.
Die Schalotten in wenig Öl glasig und weich dünsten, dann die Mandel-Feigen-Mischung, Kreuzkümmel und Safran einrühren. Anschließend die Pinienkerne, das Entenfleisch und die Schokolade hinzufügen.
Die Pita-Brote in einer Pfanne oder im Ofen etwas erhitzen, in mundgerechte Stücke reißen und jeweils einen Klecks der Fleisch-mischung daraufgeben. Sofort servieren.

WEISSER SCHOKOLADENKUCHEN
NACH MS MARMITE LOVER

FÜR 6–8 PERSONEN
ZUBEREITUNGSZEIT: 5 MINUTEN
BACKZEIT: 22 MINUTEN
MÖGLICHST AM VORTAG BACKEN

200 g weiße Schokolade
140 g Butter
180 g Zucker
5 Eier
1 EL Mehl

Kerstin Rodgers alias Ms Marmite Lover ist die Schöpferin des legendären, inzwischen zu einer Institution gewordenen Londoner »The Underground Restaurant«*. Und das Folgende kommt dabei heraus, wenn sie mit meinen Rezepten spielt.

»Ich bin kein Schokoladen-Snob, ich liebe weiße Schokolade. Einmal versuchte ich in meinem ›Underground Restaurant‹, Trishs Gâteau au chocolat fondant als Dessert in einen weißen Schokoladen-Fondant-Kuchen umzuwandeln. Selbstbewusst, wie ich bin, habe ich auf einen Probelauf verzichtet und die Kreation gleich meinen dreißig Gästen vorgesetzt. Es war schrecklich: viel zu süß, viel zu fettig, ich musste den ganzen riesigen Kuchen in die Tonne werfen und auf die Schnelle einen Ersatz für meine Gäste zaubern.

Einige Tage und viele Versuche später, hatte ich die Proportionen verändert, Butter und Zucker reduziert … und es klappte!«

Den Ofen auf 190 Grad vorheizen.
Schokolade und Butter in der Mikrowelle oder im Wasserbad schmelzen. Den Zucker einrühren und die Masse etwas abkühlen lassen. Dann nach und nach die Eier einrühren; nach jedem Ei gründlich verrühren. Das Mehl hinzufügen und glatt rühren.
Den Teig in eine Form von 20 cm Durchmesser füllen und 22 Minuten backen. Der Teig muss in der Mitte noch wackeln.
Aus dem Ofen nehmen, sofort aus der Form lösen, abkühlen und ausgiebig ruhen lassen.

*»The Underground Club« ist einer jener Londoner supper clubs, die im Moment sehr angesagt sind; leidenschaftliche Köche und Köchinnen laden Gäste zu sich nach Hause ein und servieren ausgefallene, kreative Gerichte.

SCHOKOLADE RICHTIG DEGUSTIEREN

Wählen Sie einen Zeitpunkt vor einer Mahlzeit, wenn Sie schon ein wenig Hunger haben und Ihr Gaumen ausgeruht und wach ist. Gegen 16 Uhr ist perfekt ... Suchen Sie sich ein angenehmes Plätzchen – nicht zu warm und mit frischer Luft, ohne Lärm und störende Gerüche.

Außerdem brauchen Sie gutes Baguette mit weichem Kern sowie kühles, klares Wasser.

Beginnen Sie mit dem geringsten Kakaoanteil, und achten Sie darauf, dass die Schokolade Raumtemperatur hat (um 18 bis 19 Grad ist ideal).

Riechen Sie zuerst an der Schokolade – dies vermittelt Ihnen bereits 80 Prozent der Eindrücke.

Handelt es sich um eine Tafel, brechen Sie ein Stück davon ab; das Knackgeräusch ist bereits ein Zeichen einer hochwertigen, richtig temperierten Schokolade. Schneiden Sie mit einem scharfen Messer ein kleines Stück davon ab, damit Sie nicht den ganzen Mund voll haben und noch Appetit für die folgenden Sorten bleibt.

Stecken Sie das Stück in den Mund und erwärmen Sie es leicht zwischen der Zunge und der Gaumenwölbung. Dann zerbeißen Sie das Stückchen (oder auch nicht) und lassen die Aromen an die Geschmacksknospen und in die Nase dringen.

Achten Sie auf die Textur und die Konsistenz. Dann schlucken Sie den Happen hinunter und konzentrieren sich auf die Aromen, die im Mund verbleiben ... oder auch nicht.

Nach jeder Sorte neutralisieren Sie den Mund mit etwas Brot und einem Schluck Wasser.

Mit Schokolade ist es wie mit Parfum: Man sagt, dass man nach drei Proben nicht mehr viel schmeckt. Selbstverständlich dürfen Sie nach Abschluss der Degustation alle Reste verspeisen!

ANHANG

INHALTS- UND REZEPTVERZEICHNIS

GRUNDWISSEN UND BASISREZEPTE

KUCHEN UND TARTES

KEKSE, COOKIES, MUFFINS

DESSERTS, EIS UND MOUSSES

KONFEKT UND TRÜFFEL

PIKANTE REZEPTE

GETRÄNKE

FÜR DEN KÖRPER

TRISH DESEINE

geboren und aufgewachsen in Irland, lebt seit vielen Jahren in Frankreich, Tätigkeit in Marketing und Kommunikation in Paris, Mutter von vier Kindern. Gründerin und Leiterin einer Firma, die hochwertige Geräte und Ingredienzien für die Küche vertreibt. Seit ihrer Kindheit ist sie eine leidenschaftliche Köchin und Erfinderin von Rezepten; ihr Markenzeichen sind unkomplizierte, leicht umsetzbare, oft überraschende Kreationen. Autorin der erfolgreichen Titel »Verrückt nach Schokolade«, »Verrückt nach Karamell« und »I love cake«. Ihre Bücher wurden vielfach ausgezeichnet, darunter mit dem »World Gourmand Cookbook Award« und dem »French Gourmand Cookbook Award«.

www.aucomptoirdeschefs.com

DANK

Mein Dank geht an:
Elisabeth, Rose-Marie und Emmanuel von Marabout für ihre Großzügigkeit, Energie, Geduld und Kreativität.
Elodie Rambaud für die tadellose Beschaffung der Zutaten.
Marie-Pierre Morel für ihre Freundlichkeit und ihren Humor.
Meine Kinder Corentin, Tim, Tanguy und Victoire und meine Freunde für immer: Catherine Roig, Xavier Dupuy und Greg Delaney.

Much love
Trish

Die Originalausgabe dieses Buches ist unter dem Titel »Je veux encore du chocolat!« 2011 bei Hachette, Paris, erschienen. Copyright © 2011 Hachette Livre (Marabout).

Aus dem Französischen übersetzt von Kirsten Sonntag.

© 2011
AT Verlag, Aarau und München
Druck und Bindearbeiten: Toppan Leefung Printing Ltd, China
Printed in China

ISBN 978-3-03800-611-4

www.at-verlag.ch

I love cake
Meine Lieblingsrezepte für Kuchen, Torten und Kleingebäck

Die Bestseller-Kochbuchautorin und vielbeschäftigte Mutter von vier Kindern präsentiert ihre 140 besten Rezepte für Kuchen, Torten, Cakes und Kleingebäck. Sie folgt auch hier ihrem Markenzeichen einer unkomplizierten, schnellen, immer wieder überraschenden, oft frisch und fröhlich improvisierten Küche, mit Rezepten, die immer gelingen und wunderbar schmecken.

»Großzügig, sinnlich und unkompliziert. Dies ist unsere neue Back-Bibel!« Elle

»Die Queen der hübschen Torten und Kuchen mag keine Lehren erteilen. Lieber vermittelt Trish Deseine Ideen und Lust aufs Backen.« Schweizer Familie

»Ihre Rezepte sind so schillernd wie sie selbst: Die in Frankreich lebende Irin schreibt ein Erfolgskochbuch nach dem anderen. Ihr neustes, unkompliziertes Rezeptbuch für Kuchen, Torten und Kleingebäck ist bestsellerverdächtig.« Al dente, Schweizer Illustrierte

Verrückt nach Karamell
100 sinnlich-süße Verführungen

Von kleinen, schnell zubereiteten süßen Happen über eine Fülle feiner Desserts bis hin zu Kleingebäck, Kuchen und Torten. Und selbst in der pikanten Küche vermag Karamell besondere, herb-süße Akzente zu setzen. Alle Rezepte unkompliziert und einfach zuzubereiten.

»Wieder einmal ein sehr schönes Kochbuch mit Fotos, die nun wirklich jedem das Wasser im Mund zusammenlaufen lassen dürfte. Schade nur, dass Kochbücher noch nicht duften.« Schweizer Fernsehen